Chinesisch für Deutsche

JUNG-LANG CHAO

Chinesisch für Deutsche

Einführung in die chinesische Umgangssprache

in Zusammenarbeit mit
Annette Sabban

HELMUT BUSKE VERLAG
HAMBURG

Mit der 6, Auflage dieses seit nunmehr 16 Jahren bewährten Lehrbuches wird zunächst ein unveränderter Nachdruck der 5., durchgesehenen Auflage von 1986 vorgelegt. Eine gründliche Bearbeitung ist für die nächste Auflage geplant.

Zu diesem Lehrbuch sind 3 Begleitkassetten lieferbar:

Kassette I   (Lektion 1–28)   ISBN 3-87118-384-9
Kassette II   (Lektion 29–46)   ISBN 3-87118-385-7
Kassette III (Lektion 47–62)   ISBN 3-87118-386-5
Kassetten I–III   ISBN 3-87118-387-3

Die Deutsche Bibliothek – CIP-Einheitsaufnahme

Chao, Jung-lang:
Chinesisch für Deutsche : Einf. in d. chines. Umgangssprache /
von Jung-lang Chao. In Zusammenarbeit mit Annette Sabban.
– Hamburg : Buske
　　Parallelsacht. in chines. Schr.:
　　Te-kuo-jen-hsüeh-chung-wen. – 1.–3. Aufl. verf.
　　von Jung-lang Chao, Philip Kunig u. Annette Sabban
NE: Kunig, Philip:; Sabban, Annette:
Hauptbd. – 6., unveränd. Aufl. – 1995.
　　ISBN 3-87118-219-2

VORWORT zur vierten Auflage

Die vierte Auflage dieses Buches haben wir für eine erneute
Überarbeitung zum Anlaß genommen. Als Ergebnis der Erfahrungen, die im Laufe der Zeit mit dem Buch in der Praxis gewon-
nen worden sind, wurden einige Erläuterungen der Grammatik
verdeutlicht oder ergänzt; darüber hinaus wurden zusätzliche
Verweise auf die Beispielsätze aufgenommen und einzelne
Vokabelerklärungen korrigiert.
Die Satzbeispiele und Texte blieben von der Überarbeitung
unberührt, und damit auch die lehrbuchbegleitenden Tonbandkassetten.
Herr Dr. Kunig, Mitautor der ersten bis dritten Auflage
dieses Buches, ist auf eigenen Wunsch als Mitarbeiter aus-
geschieden.

Hamburg und Korntal bei Stuttgart, im Februar 1985

                                        Die Autoren

VORWORT zur dritten Auflage

Wenn bereits zwei Jahre nach Erscheinen der zweiten Auflage
eine dritte nötig wurde, erfüllt das Autoren und Verleger
mit Freude und Genugtuung. Ist es doch ein Zeichen dafür,
daß sich unser Buch in der Praxis bewährt hat, und so sahen
wir keinerlei Veranlassung, an Text oder Konzeption zu
rühren.
Die dritte Auflage ist daher lediglich ein korrigierter
Nachdruck der zweiten. Einige Schreib- und Zeichenfehler
sowie drucktechnische Unzulänglichkeiten wurden still-
schweigend berichtigt.
Für Anregungen und Kritik sind wir jederzeit dankbar.

Hamburg, im Juni 1981   Die Autoren

VORWORT zur zweiten Auflage

Das hier in zweiter Auflage vorgelegte Lehrbuch bildet den
ersten Teil eines umfassenden Lehrgangs der chinesischen
Sprache, der durch Tonbandkassetten mit den Texten des Buches
ergänzt wird. Vorgesehen ist die Herausgabe von weiterem Tonbandmaterial zur Phonetik, von Übungen zur chinesischen
Schrift und zur Vertiefung des grammatischen Stoffes in Form
eines Arbeitsheftes.

Das Buch behandelt alle wichtigen grammatischen Probleme des
Chinesischen. Jede der 62 Lektionen enthält einen grammatischen Schwerpunkt und führt etwa 15 neue Vokabeln ein (insgesamt 1o72 Wörter; 787 Zeichen). Gesprochene und geschrie-
bene Sprache werden gleichermaßen berücksichtigt; die Beherr-
schung des Stoffes soll dazu befähigen, ein einfaches Gespräch
des Alltags führen, einen Text allgemeinen Inhalts verstehen
oder etwa einen Brief schreiben zu können.

Einleitend werden in jeder Lektion die Charakteristika eines
grammatischen Problems und seiner Verwendungsmöglichkeiten in
knapper, regelhafter Form beschrieben (GRAMMATIK), wobei die
MODELLSÄTZE zur Veranschaulichung dienen - sie verwenden weit-
gehend aus früheren Lektionen bekanntes Vokabular, um die
Konzentration auf die neue grammatische Erscheinung zu er-
leichtern.

Terminologisch ist, soweit möglich, an vertraute grammatische
Begriffe angeknüpft worden; Phänomene, die mit solchen Be-
griffen nicht erfaßt werden können, werden besonders ausführ-
lich vorgestellt.

In den ÜBUNGSSÄTZEN steht das "Thema" der Lektion im Vorder-
grund; gleichzeitig wird früherer Stoff ständig wiederholt
und eine angemessene Zahl neuer Vokabeln eingeführt.

Die VOKABELN, die nach jeder Lektion aufgeführt werden, beschränken sich in der Hauptsache auf die im Text vorkommende
Bedeutung. Um die spätere Benutzung von Wörterbüchern zu er-
leichtern, werden die jeweilige Kennziffer im Radikalsystem -
dem Ordnungssystem chinesischer Zeichenlexika - sowie die zum
Auffinden eines Zeichens wichtige Strichzahl angegeben.

Neu in dieser Auflage sind ANMERKUNGEN zum Stoff einzelner
Lektionen. Sie sind besonders für das Selbststudium gedacht
und enthalten Ergänzungen oder nützliche Hinweise, die sonst
im Unterricht vom Lehrer vermittelt würden.

Jede Lektion enthält eine kurze ÜBUNGSAUFGABE, wobei in dieser
Auflage versucht worden ist, die Übungen vielfältiger zu ge-
stalten. Weiteres Übungsmaterial wird das geplante Übungsheft
enthalten.

Am Schluß des Buches finden sich zwei Register: ein nach der
Aussprache alphabetisch geordnetes VOKABELVERZEICHNIS sowie
ein nach dem Radikalsystem aufgebautes ZEICHENREGISTER; beide
Register verweisen auf die zugehörigen Vokabeleinträge in den
Lektionen.

Einen ersten Überblick über Probleme der chinesischen Sprache
und Schrift soll die EINLEITUNG vermitteln.

Das Lehrbuch war ursprünglich aus Unterrichtsmaterial hervor-
gegangen, das an der Universität Hamburg in den Einführungs-
kursen verwendet worden war. In seiner ersten Auflage hat es
in den letzten drei Jahren dem Unterricht an Universitäten
und Volkshochschulen zugrundegelegen. Die in dieser Auflage
vor allem im GRAMMATIK-Teil und gelegentlich in der Erklärung
einzelner Vokabeln vorgenommenen Veränderungen beruhen auf den
Erfahrungen, die in diesem Zeitraum mit dem Buch in der Praxis
gemacht worden sind. Für die vielen Anregungen aus dem Kreis
der Benutzer möchten wir an dieser Stelle unseren Dank sagen.

Das eingangs erwähnte Tonbandmaterial ist im gleichen Verlag
erschienen. Es soll besonders dem Selbststudierenden das Erlernen der Aussprache ermöglichen. Drei Kassetten mit jeweils
6o Minuten Spieldauer enthalten in einer Aufnahme mit Hui-wen
von Groeling und Jung-lang Chao alle MODELL- und ÜBUNGSSÄTZE
der Lektionen. Für das systematische Üben der Phonetik muß
auf das geplante zusätzliche Material verwiesen werden.

Für die reine Durcharbeitung des Lehrbuchs sind beispielsweise
bei einem sich über zwei Semester erstreckenden Kurs vier bis
fünf Wochenstunden anzusetzen.

Hamburg. Frühjahr 1979   Die Autoren

INHALTSVERZEICHNIS

ABKÜRZUNGEN

Adj	Adjektiv
Adv	Adverb
DPr	Demonstrativpronomen
E	Eigenname
Hw	Hilfswort
I	Interjektion
IPr	Interrogativpronomen
K	Konjunktion
MV	Modalverb
Nu	Numerale
Pa	Partikel
PPr	Personalpronomen
Pr	Pronomen
Prp	Präposition
Px	Präfix
S	Substantiv
Sx	Suffix
V	Verb
Zw	Zählwort

EINLEITUNG

1. Zum Begriff: das moderne Hochchinesisch

Das moderne Hochchinesisch ist nur eine von zahlreichen Sprachen, die in China gesprochen werden, da einige nationale Minderheiten ihre Sprache beibehalten haben - wenn auch mitunter als Zweitsprache. Präziser als die geläufige Bezeichnung der Sprache als 'Chinesisch' ist daher der Terminus hànyǔ 漢語 ,'Han-Sprache': das Han-Volk stellt den Hauptteil der chinesischen Bevölkerung.

Hànyǔ ist - nach der absoluten Zahl der Sprecher geurteilt - die verbreitetste Sprache der Welt.

Auch hànyǔ bezeichnet jedoch keinen einheitlichen Sprach-Komplex; teilweise sehr stark voneinander abweichende Dialekte werden unter diesem Oberbegriff zusammengefaßt.

Diese Dialekte lassen sich grob in sieben Gruppen ordnen:
1. Guanhua oder Mandarin-Dialekte
1.1. Nord-Mandarin
1.2. Nordwest-Mandarin
1.3. Südwest-Mandarin
1.4. Zentral(Yangtze)-Mandarin
2. Wu-Dialekte
3. Xiang- oder Hunan-Dialekte
4. Gan- oder Jiangxi-Dialekte
5. Kejia- oder Hakka-Dialekte
6. Yue-Dialekte (Kantonesisch)
7. Min- oder Fujian-Dialekte
7.1. Nordmin- oder Hoklo-Dialekte
7.2. Südmin- oder Amoy-Dialekte

Unterschiede sind besonders im Bereich der Aussprache auffällig, jedoch auch im Wortschatz, seltener schließlich in der Grammatik anzutreffen.

Eine derartige sprachliche Vielfalt innerhalb einer kulturell-politischen Einheit erfordert ein Medium für die allgemeine Verständigung. Diese Funktion übernahm bis Anfang dieses Jahrhunderts die im gesamten chinesischen Raum einheitliche wényán 文言 , die 'Schriftsprache', welche sich im Laufe ihrer drei Jahrtausende langen Geschichte relativ wenig, jedenfalls unvergleichlich weniger als die gesprochene Sprache, gewandelt hatte.

Unter modernem Hochchinesisch versteht man die Sprache, die im Raum

um die Metropole Peking gesprochen wird. Seit dem Beginn der Mongolen
Zeit (zweite Hälfte des 13. Jahrhunderts), in der Peking erstmals
Hauptstadt des Reiches wurde, setzte sich diese Variante des Mandarin
als führendes Medium der mündlichen Verständigung durch. Zu Anfang
dieses Jahrhunderts - nach dem Zerfall des Kaiserreichs - wurde es in
den Rang einer offiziellen Landessprache erhoben, guóyǔ 國語 , 'Nati
onal-Sprache', oder pǔtōnghuà 普通話 , 'Hochchinesisch' (wörtlich:
'allgemeine Sprache'), genannt.

Pǔtōnghuà ist die Sprache der Literatur, der Schule, der Massenme-
dien; jeder Chinese versteht sie, mag er sie auch nur mit regionaler
Färbung sprechen können.

Für den Ausländer ist die überragende Bedeutung der pǔtōnghuà nicht
nur angenehm, weil er sich darauf beschränken und doch sagen kann,
er könne 'Chinesisch', sondern auch, weil das lautliche Inventar der
pǔtōnghuà im Vergleich zu manchen Dialekten leichter erlernbar ist.

2. Zu den Lauten

Die chinesische Silbe ist nach drei Elementen klassifizierbar: dem
Anlaut, dem Auslaut und dem Ton. Der Auslaut trägt den Ton; beide
können schon allein eine Silbe bilden (Silben ohne Anlaut).

Den Bestand an An- und Auslauten und ihren phonetischen Wert zeigen
die Tabellen auf Seite XV.

Die Auslaute bestehen ihrerseits entweder aus einzelnen Vokalen oder
aus Hauptvokalen in Verbindung mit einleitenden Vokalen und/oder
Endvokalen oder Endkonsonanten.

Nach Höhe und Verlauf sind vier Grundtöne zu unterscheiden:
- der 'erste' Ton, ein hoher, gleichbleibender Ton, gekennzeichnet
  durch ' ¯ ';
- der 'zweite' Ton, halbhoch beginnend und ansteigend, gekennzeichnet durch ' ´ ';
- der 'dritte' Ton, relativ tief beginnend und fallend-steigend, gekennzeichnet durch ' ˇ ';
- der 'vierte' Ton, ein fallender Ton, gekennzeichnet durch ' ` '.

Manche Silben, insbesondere Suffixe und Partikeln, haben den soge-
nannten 'neutralen' Ton, d.h. sie gehören zu keinem der vier Grundtöne und werden in einem Ton gesprochen, dessen Höhe und Verlauf
sich nach dem Ton der vorangehenden Silbe bzw. nach der Satzintonation richten.

<u>Die Anlaute:</u>

b [p]   p [p']   m [m]   f [f]
z [ts]   c [ts']   s [s]
d [t]   t [t']   n [n]   l [l]
zh [tʂ] ch [tʂ']   sh [ʂ]   r [ʐ]
j [tɕ]   q [tɕ']   x [ɕ]
g [k]   k [k']   h [x]

<u>Die Auslaute:</u>

i   a   ai   ao   an   ang o   ou   ong e   ei   en   eng er
[ʐ,ʐ][a] [ai] [au] [an] [aŋ] [o] [ou] [ʊŋ] [ɤ] [ei] [ən] [əŋ] [əɹ]

i   ia   iai iao ian iang   iou iong ie   in   ing
[i] [ia][iai][iau][iɛn][iaŋ]   [iou][yʊŋ][iɛ]   [in] [iŋ]

u   ua   uai   uan uang uo   uei uen ueng
[u] [ua][uai]   [uan][uaŋ][uo]   [uei][uᵊn][uəŋ]

ü   üan   üe   ün
[y]   [yan]   [yɛ]   [yᵊn]

<u>Die Konsonanten:</u>

	stimmlose Verschluss-laute bzw. Affrikate		stimmhafte Nasale	stimmlose Frikative	stimmhafte Lateral-bzw.Frika-tivlaute
	unaspiriert	aspiriert			
Labial	p	p'	m	f	
Dental-alveolar	ts	ts'		s	
Alveolar	t	t'	n		l
Retroflex	tʂ	tʂ'		ʂ	ʐ ɻ
Palatal	tɕ	tɕ'		ɕ	
Velar	k	k'		x	ŋ

<u>Die Vokale:</u>

	Vorn	Mitte	Hinten
hoch	i y	ʐ ʐ	ʊ u
Mitte	e ɛ	ə	ɤ o
flach	a		ɑ

Zur Verdeutlichung hier einige Beispiele:

Silbe	Bedeutung	Anlaut	einleiten-der Vokal	Vokal bzw. Hauptvokal	Endvokal bzw. Endkonsonant
é	Gans			e	
yī	eins			i	
wài	außen		u	a	i
yuǎn	fern		ü	a	n
lǜ	grün	l		ü	
de	(Hilfswort)	d		e	
xiǎo	klein	x	i	a	o
chuáng	Bett	ch	u	a	ng

Das Tonzeichen befindet sich stets über dem Hauptvokal. Silben mit neutralem Ton tragen kein Tonzeichen.

Noch eine Anmerkung zu einigen Besonderheiten der Umschrift. Ein ü zur Kennzeichnung des Lautes 'ü' wird nur in Silben geschrieben, deren Anlaut ein l oder n ist (also: lü, nü, lüe, nüe - aber: ju, qu, xu, jue, que, xue, usw.). Wenn die Auslaute der Zeilen 2 und 4 (s. Tabelle S. XV) allein die Silbe bilden, so erscheint in der Umschrift ein y vor oder anstelle des i bzw. ü (z.B.: Auslaut 'i' → yi, 'ie' → ye; 'ü' → yu, 'üe' → yue). Stellen die Auslaute der Zeile 3 allein die Silbe, so erscheint in der Umschrift ein w vor oder anstelle des u (z.B.: 'u' → wu, 'uei' → wei).

3. Einige Hauptmerkmale der Sprachstruktur

Charakteristische Merkmale, die das Chinesische mit vielen Sprachen der sino-tibetischen Sprachfamilie teilt (zu der vor allem noch Miao, Tibetisch, Himalaya-Sprachen, Birmanisch und Thai gehören), sind außer der erwähnten Tonalität die Einsilbigkeit und die Nicht-Flektierbarkeit.

Aus den 21 Anlauten und 37 Auslauten, die das Lautinventar des Hochchinesischen aufweist, wären in Verbindung mit den vier Tönen (unter Berücksichtigung der Silben ohne Anlaut) 3256 Silben konstruierbar; tatsächlich in der Sprache vorhanden sind aber nur rund 1300.

Diese recht geringe Zahl zwingt zu vielen Homonymen: viele gleichlautenden Silben haben unterschiedliche Bedeutung. Würde ferner das Prinzip der Einsilbigkeit - das sich auf die Formel "eine Silbe gleich eine bedeutungtragende Einheit gleich ein 'Wort'" bringen läßt - in der heutigen gesprochenen Sprache in demselben Maße gelten wie in der klassischen Schriftsprache, wäre ein Chaos unausweichlich. Dem

entgegenwirkend sind zahlreiche zwei- oder mehrsilbige Wörter ent-
standen, die nach unterschiedlichen Bildungsprinzipien zusammengesetzt sind. Hierfür einige Beispiele:

1. 鷄　　　jī 'Huhn'
2. 鷄子　　jīzi 'Huhn' (als Speise): jī 'Huhn'; zi Suffix
3. 鷄子兒　jīzǐr 'Hühnerei': jī 'Huhn'; zǐr 'Ei': zǐ 'Kind'; (e)r Suffix
4. 子鷄　　zǐjī 'Kücken, Hähnchen': zǐ 'Kind'; jī 'Huhn'
5. 機器　　jīqì 'Maschine': jī 'Maschine'; qì 'Gerät'
6. 飛機　　fēijī 'Flugzeug': fēi 'fliegen'; jī 'Maschine'
7. 打字機　dǎzìjī 'Schreibmaschine': dǎ 'schlagen'; zì 'Schrift';
　　　　　　　　　　　　　　　　　jī 'Maschine'

Diese Beispiele enthalten zwei auf jī lautende Homonyme: 'Huhn' und
'Maschine'. In der Bedeutung 'Maschine' kommt jī aber in der Umgangssprache nicht allein, sondern nur mit der bedeutungsähnlichen Silbe
qì als zweisilbiges Wort, jīqì, vor, so daß die Verwechslungsgefahr
mit dem Homonym für 'Huhn' ausgeschlossen ist.

In der Schrift wäre keine Verwechslung möglich, da zu jedem der beiden jī ein anderes Zeichen gehört.

Das dritte Merkmal des Chinesischen, die Nicht-Flektierbarkeit, bedeutet folgendes: nicht Wortveränderungen ("schlafe - schläfst";"Bett-
Betten") kennzeichnen die Funktion der Worte im Satz, sie ergibt sich
vielmehr anhand anderer Strukturelemente. So deutet häufig die Wortstellung auf die Wortart und damit den Sinn hin (Beispiel a); auch
sorgen manchmal besondere Hilfsworte für Klarheit (Beispiel b); andere Wörter erstellen einen Bezugsrahmen (Beispiel c); sonst bleiben
der Sinnzusammenhang (Beispiel d) oder ganz allgemein die Äußerungs-
situation (Beispiel e).

a) rè tiān　　heiß; Tag　　　　　"der heiße Tag"
　 tiān rè　　Tag; heiß　　　　　"Der Tag ist heiß"

Vor dem Substantiv hat das Adjektiv (rè, 'heiß') attributive Funktion,
nach dem Substantiv fungiert es als Prädikat.

b) péngyou de taitai　Freund;(Hilfswort);Ehefrau "die Ehefrau des
　　　　　　　　　　　　　　　　　　　　　　　　　　　Freundes";
　 taitai de péngyou　Ehefrau;(Hilfswort);Freund "der Freund der Ehe-
　　　　　　　　　　　　　　　　　　　　　　　　　　　frau";

Das Hilfswort de zeigt zwischen zwei Substantiven eine possesive
Beziehung im Sinne eines deutschen Genitivs an, wobei das erste Substantiv dem zweiten zugeordnet wird: was im Deutschen durch Artikel

und Flektion zum Ausdruck gebracht wird ("des Freundes"), leistet
das Chinesische durch Wortstellung und Hilfswort.

c) tā zuótian zhǎo wǒ.   er; gestern; suchen; ich
              "Er suchte mich gestern."
  wǒ jīntian zhǎo tā.   ich; heute; suchen; er
              "Ich suche ihn heute."

tā bzw. wǒ sind als Subjekt und als Objekt formal gleich; maßgebend
ist die Wortstellung - im Deutschen wird dekliniert (ich - mich; er -
ihn). Adverbien wie 'gestern' und 'heute' stellen im chinesischen
Satz den Zeitbezug her; im Deutschen wird zusätzlich noch die Verb-
form verändert.

d) tā měige rén dōu rènshi   er; jeder; Mensch; alle; kennen
              "Er kennt alle" oder "Ihn kennt jeder"

Da eine Voranstellung des Objekts in Abweichung von der normalen
Wortstellung Subjekt-Prädikat-Objekt unter bestimmten Bedingungen
möglich ist, ist dieser Satz, isoliert stehend, zweideutig; hier
entscheidet der Kontext. Im Deutschen kommt es wegen der unterschiedlichen Formen der Fälle nicht zur Verwechslung.

e) zhuōzishang yǒu shū   Oberfläche des Tisches; haben; Buch
              Auf dem Tisch sind Bücher; oder
              Auf dem Tisch ist ein Buch.

shū kann Einzahl oder Mehrzahl sein; der Zusammenhang muß klarmachen,
wie die jeweilige Bedeutung ist - oder ob der Sprecher offenläßt, ob
ein oder mehrere Bücher auf dem Tisch liegen (was im Deutschen ja
nicht ohne weiteres ausgedrückt werden könnte).

4. Zur chinesischen Schrift

Die Geschichte der chinesischen Schrift läßt sich anhand von erhaltenen Schriftresten weit zurückverfolgen.

Die heute verwendeten Zeichen hatten ihre Form vor Beginn der Zeit-
rechnung gefunden. Seitdem hat sich im wesentlichen nur die Aussprache der Wörter, oft regional unterschiedlich, verändert. Der Sinnge-
halt der Zeichen aber blieb zumeist derselbe. Hier liegt der Grund,
weswegen die oben erwähnte wényán über Dialekt- und Zeitschranken
hinweg ihre Funktion wahrnehmen konnte.

Die Frage nach den Strukturelementen der Zeichen hat ihre eigene Ge-

schichte in der chinesischen Philologie, die hier nicht rekonstru-
iert werden kann.

Eine (grobe) traditionelle Einteilung ist etwa die folgende:

a) Bilder

Einfache bildliche Darstellungen von konkreten Dingen. Obwohl diese
Zeichen auch in erhaltenen alten Inschriften nur selten reine Bilder
waren, findet man doch plastische Beispiele,

(linkes Zeichen heutige Form, rechtes alte Form)

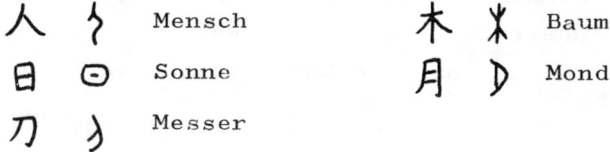

人 彳 Mensch   木 ⽊ Baum

日 ⊖ Sonne   月 ⅅ Mond

刀 ⟩ Messer

b) Symbole

Vorwiegend abstrakte, aber auch konkrete Begriffe werden in Symbolen
dargestellt,

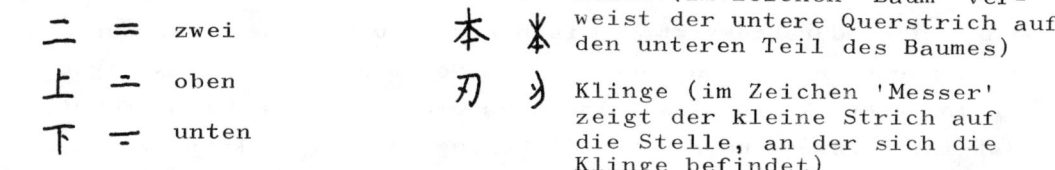

二 = zwei

上 ⊥ oben   本 ⽊ Stamm (im Zeichen 'Baum' ver-
                     weist der untere Querstrich auf
                     den unteren Teil des Baumes)

下 ⊤ unten   刃 ⟩ Klinge (im Zeichen 'Messer'
                     zeigt der kleine Strich auf
                     die Stelle, an der sich die
                     Klinge befindet)

c) Symbolische Zusammensetzungen

Zwei oder mehrere Zeichen werden zu einem neuen Zeichen zusammengesetzt. Durch das Verhältnis der Einzelbestandteile zueinander ergibt
sich eine neue Sinneinheit,

休 休 Mensch am Baum: 从 从 zwei Menschen hintereinander:
        rasten   folgen

d) Laut- und Sinn-Konbinationen

Hierher gehören über 80% aller Zeichen.

Die Zeichen bestehen aus einem Laut- und einem Sinnbestandteil. Der
Lautbestandteil wird durch das Zeichen eines gleichklingenden oder
fast gleichklingenden Wortes dargestellt. Der Sinnbestandteil wird
durch ein Zeichen ausgedrückt, mit dem das betreffende Wort dem Sinn
nach verwandt ist. Theoretisch müßte sich die Aussprache eines solchen Zeichens also nach dem phonetischen Bestandteil wiedergeben lassen. Infolge der im Laufe der Zeit eingetretenen Veränderungen in der
Aussprache ist dies aber nur manchmal möglich. Dem Geübten ist der
Lautbestandteil häufig Indiz oder Gedächtnisstütze für die tatsäch-
liche Aussprache.

Möglichkeiten der Kombination sind aus folgenden Beispielen zu ersehen:

材 <u>cái</u> Baustoff: links Sinn 'Baum', rechts Laut '<u>cái</u>';

鳩 <u>jiū</u> Wildtaube: links Laut '<u>jiǔ</u>', rechts Sinn 'Vogel';

草 <u>cǎo</u> Gras : oben Sinn 'Gras', unten Laut '<u>zǎo</u>';

燙 <u>tàng</u> verbrühen: oben Laut '<u>tāng</u>', unten Sinn 'Feuer';

園 <u>yuán</u> Garten: außen Sinn 'umkreisen', innen Laut '<u>yuán</u>';

問 <u>wèn</u> fragen: außen Laut '<u>mén</u>', innen Sinn 'Mund'.

Die in den Lektionen verwendeten Schriftzeichen sind die sog. Langzeichen. Sie sind identisch mit den traditionellen, in Jahrtausenden gewachsenen, von China aus nach Japan und Korea gelangten Schriftzeichen.

Versuche, die Schwierigkeiten, die sich beim Umgang mit Zeichen von zum Teil über dreißig Einzelstrichen im täglichen Gebrauch ergeben, durch Einführung sog. Kurzzeichen zu mindern, haben eine jahrhunderte lange Geschichte. Hatten sich dabei zahlreiche Kurzformen auch handschriftlich durchgesetzt, so fanden sie doch keine Verwendung in der gehobenen Literatur und offiziellen Dokumenten. Seit etwa 1956 wird nun in der Volksrepublik China eine Schriftreform durchgeführt, die sich insbesondere um die Vereinfachung derjenigen komplizierteren Zeichen bemüht, die häufig benötigt werden. Durch offizielle Anerkennung bereits im privaten Gebrauch existenter und durch Vereinheitlichung nebeneinander bestehender Kurzformen sowie die Schaffung neuer Kurzzeichen (wobei gewisse Kurzformen stets denselben Bestandteil verschiedener Zeichen 'kürzen'), gibt es heute über 2000 vereinfachte Schriftzeichen, die in Druck- und Handschrift die alten Formen ersetzen.

Entgegen dem hier gewählten Verfahren könnte für ein ausschließliches Erlernen der Kurzzeichen plädiert werden. Dafür spräche ihre leichtere Erlernbarkeit, die wir - jedenfalls als den Regelfall - unterstellen können. Diesem Einwand kann nicht allein mit dem ästhetischen Argument, Langzeichen seien gefälliger, entgegnet werden. Für unsere Zwecke kann es allein um die größere Lernökonomie gehen. Man muß sich dazu klarmachen, daß die Existenz von inzwischen über 2000 reformierten Zeichen nur bedeutet, daß ein heute in der Volksrepublik China gedruckter Text die neue Form verwendet (auch dies gilt übrigens nicht ohne Einschränkungen): jeder ältere Text enthält mehr oder weniger Langzeichen. Ausschließliches Erlernen der Kurzzeichen bedeutet also längerfristig eine erhebliche Einengung der Möglichkeiten, sich geschriebenes Chinesisch verständlich zu machen.

Und: wer nur Kurzzeichen gelernt hat, ist erfahrungsgemäß überfordert, wenn er das entsprechende Langzeichen erkennen soll, während umgekehrt in nahezu allen Fällen das Kurzzeichen leichter verstehbar und lernbar ist, wenn das Langzeichen schon bekannt ist. Einer vermeidbaren Erschwerung wäre also ausgesetzt, wer sich nach Erlernen der Kurzzeichen notgedrungen doch noch entschließen müßte, Langzeichen zu lernen.

Am ökonomischsten erscheint es uns daher, von den ursprünglichen Zeichen auszugehen; im ZEICHENREGISTER werden auch die Kurzzeichen hinter dem jeweiligen Langzeichen in eckigen Klammern aufgeführt.

Die hier verwendete Umschrift zur phonetischen Wiedergabe des Chinesischen mit lateinischen Buchstaben ist die sog. pīnyīn-Umschrift, die schon seit 1958 in der Volksrepublik China offiziell, wenn auch nicht ausnahmslos, verwendet wurde und die sich inzwischen allgemein durchgesetzt hat. Von den zahlreichen anderen Umschriftsystemen, die im Laufe der Zeit entwickelt wurden, ist die Wade-Giles-Umschrift in Europa besonders bekannt geworden und findet noch gelegentlich Verwendung.

Noch ein Wort zu den Satzzeichen: diese decken sich bis auf wenige Besonderheiten mit den deutschen Konventionen. Neben dem Komma gibt es im Chinesischen ein Pausenzeichen, das bei Aufzählungen zwischen den einzelnen Gliedern stehen kann: 、. Die Anführungsstriche werden uneinheitlich gehandhabt, und es existieren mehrere Varianten: die aus dem Deutschen gewohnten doppelten Anführungsstriche, die aber - wie etwa auch im Englischen - nur oben gesetzt werden; daneben Klammern in der Form ⌞ ⌝ oder ⌜ ⌟, wobei die erste Möglichkeit der Schreibung der chinesischen Schriftzeichen mehr entgegenkommt; als weitere Variante schliesslich gibt es einfache und doppelte spitze Klammern, die vor allem für Namen und Buchtitelangaben verwendet werden: ‹ › und « ».

LEKTION **1**   Der Satz mit Nominalprädikat

GRAMMATIK

1.01 Der Satz mit Nominalprädikat besteht aus

Subjekt + Kopula 是 shì + Prädikatsnomen

MODELLSÄTZE

1.11 這是書.
   zhè shì shū.

1.12 那是桌子跟椅子.
   nà shì zhuōzi gēn yǐzi.

ÜBUNGSSÄTZE

1.21 這是報.
   zhè shì bào.

1.22 那是門.
   nà shì mén.

1.23 那是窗戶.
   nà shì chuānghu.

1.24 這是桌子, 這是椅子.
   zhè shì zhuōzi,   zhè shì yǐzi.

1.25 那是黑板.
   nà shì hēibǎn.

1.26 這是書跟報.
   zhè shì shū gēn bào.

1.27 那是窗戶, 這是黑板.
   nà shì chuānghu, zhè shì hēibǎn.

VOKABELN

1.41	這	zhè 162.7	Pr	das (hier), dies (nur in Subjektstellung
1.42	是	shì 72.5	Kopula	sein
1.43	書	shū 73.6	S	Buch
1.44	那	nà 163.4	Pr	das (da, dort), jenes (nur in Subjekt-stellung)
1.45	桌子	zhuōzi 75.6/39	S	Tisch
1.46	跟	gēn 157.6	K	und (verbindet nur Nomina und Pronomina - keine Sätze; s.1.62)
1.47	椅子	yǐzi 75.8/	S	Stuhl

1.48	報	bào 32.9	S	Zeitung
1.49	門	mén 169	S	Tür
1.50	窗戶	chuānghu 116.7/63	S	Fenster (:Fenster - Tür)
1.51	黑板	hēibǎn 203/75.4	S	Wandtafel (: schwarz - Tafel)

ANMERKUNGEN

1.61   In den Vokabellisten sind die Vokabeln in der Reihenfolge
       ihres Erscheinens im Text aufgeführt. Neben Schriftzeichen
       und Umschrift, Wortart und Bedeutungsangabe der Wörter ent-
       halten sie unter der Umschrift eine Angabe über Radikal und
       Strichzahl jedes Zeichens: vor einem Punkt steht die Nummer
       des Radikals, hinter dem Punkt die Anzahl der weiteren Striche.
       Beide Angaben ermöglichen das Auffinden der Zeichen im Zeichen-
       register (S.195 ff.) bzw. im Wörterbuch. Ist das Zeichen selbst
       ein Radikal, entfällt eine Strichzahlangabe.
       Bei mehrsilbigen Wörtern sind die Angaben zu jedem Zeichen
       durch einen Schrägstrich getrennt, wobei die Angaben zu bereits
       bekannten Zeichen entfallen.
       Eine Liste der Abkürzungen für die Wortarten befindet sich
       auf Seite XII.
       In der Bedeutungsrubrik sind gelegentlich die Bedeutungen der
       einzelnen Zeichen, aus denen ein mehrsilbiges Wort besteht, in
       Klammern angeführt, wenn dies zur Veranschaulichung und zum
       Einprägen nützlich sein kann, z.B. Vokabel 1.51 Wandtafel
       (Schwarz - Tafel). Dies heißt aber nicht, daß die Zeichen auch
       immer einzeln mit der entsprechenden Bedeutung verwendet
       werden können.

1.62   Einem deutschen 'und', das Sätze verbindet, entspricht im
       Chinesischen eine Sprechpause oder ein Komma.

ÜBUNGSAUFGABE

Übersetzung ins **Chinesische:**

1.71   Das (hier) ist eine Tür.

1.72   Das (hier) sind Fenster.

1.73   Das ist eine Zeitung und ein Buch.

1.74   Das (hier) sind Tische und Stühle.

1.75   Das sind Bücher,und das (da) sind Zeitungen.

1.76   Das (da) ist die Tür,und das (hier) ist die Wandtafel.

LEKTION 2   Das Adverb

GRAMMATIK

2.01   Adverbien stehen unmittelbar vor dem Prädikat, auf das sie
       sich beziehen.

2.02   Außer 不 bù (in der Bedeutung 'nein') können einsilbige
       Adverbien nicht allein verwendet werden.

2.03   不 hat eigentlich den 4.Ton (bù), wird aber im 2.Ton (bú)aus-
       gesprochen, wenn die darauffolgende Silbe den 4.Ton hat bzw.
       ursprünglich hatte, z.B.

         bù,   bù tīng,   bù lái,   bù mǎi,   bú mǎi,   bú shi

2.04   Nomina und Pronomina lassen sich, insbesondere am Satzanfang
       und in Aufzählungen, auch ohne 跟 verbinden.

MODELLSÄTZE

2.11   這不是書，　也不是報．
       zhè bú shi shū,   yě bú shi bào.

2.12   鉛筆是筆，鋼筆也是筆．
       qiānbǐ shi bǐ,   gāngbǐ yě shi bǐ.

2.13   鉛筆鋼筆都是筆．
       qiānbǐ gāngbǐ dōu shi bǐ.

ÜBUNGSSÄTZE

2.21   這是書，　那也是書．
       zhè shi shū,   nà yě shi shū.

2.22   那不是書，　那是樹．
       nà bú shi shū,   nà shi shù.

2.23   這是紙，不是報．
       zhè shi zhǐ,   bú shi bào.

2.24   這是鉛筆，　這是鋼筆，　都不是粉筆．
       zhè shi qiānbǐ, zhè shi gāngbǐ, dōu bú shi fěnbǐ.

2.25   那也不是粉筆，那是毛筆．
       nà yě bú shi fěnbǐ, nà shi máobǐ.

2.26   這是粉筆，　這也是粉筆．
       zhè shi fěnbǐ,   zhè yě shi fěnbǐ.

2.27   鉛筆跟鋼筆都是筆．
       qiānbǐ gēn gāngbǐ dōu shi bǐ.

2.28   粉筆跟毛筆也都是筆．
       fěnbǐ gēn máobǐ yě dōu shi bǐ.

2.29   鉛筆、鋼筆、粉筆、毛筆，都是筆．
       qiānbǐ, gāngbǐ, fěnbǐ, máobǐ, dōu shi bǐ.

2.30   這不都是報：這是報，這是紙．
       zhè bù dōu shi bào: zhè shi bào, zhè shi zhǐ.

VOKABELN

2.41	不	bù 1.3	Adv	nicht, nein
2.42	也	yě 5.2	Adv	auch
2.43	都(都)	dōu 163.8(.9)	Adv	alle,alles; beide(bezieht sich auf das vorangehende Nomen)
2.44	筆	bǐ 118.6	S	Schreibgerät
2.45	鉛筆	qiānbǐ 167.5/	S	Bleistift (:Blei - Schreibgerät)
2.46	鋼筆	gāngbǐ 167.8/	S	Federhalter (: Stahl - Schreibgerät)
2.47	粉筆	fěnbǐ 119.4/	S	Kreide (: Pulver - Schreibgerät)
2.48	毛筆	máobǐ 82/	S	Schreibpinsel (: Haar - Schreibgerät)
2.49	紙	zhǐ 120.4	S	Papier
2.50	樹	shù 75.12	S	Baum

ANMERKUNGEN

2.61 Das deutsche 'sondern' hat im Umgangschinesischen keine Entsprechung. Es kann durch eine Wiederholung des Subjekts
wiedergegeben werden (z.B. 2.22).

2.62 是 shì wird oft, vor allem nach einem Adverb, unbetont oder
im neutralen Ton ausgesprochen.

ÜBUNGSAUFGABE

Übersetzung ins Chinesische:

2.71 Das (hier) ist ein Pinsel, das (da) ist kein Pinsel.

2.72 Ein Buch ist keine Zeitung.

2.73 Das (da) ist Kreide, das (hier) ist auch Kreide.

2.74 Bleistifte und Federhalter sind Schreibgeräte, Pinsel auch.

2.75 Das (hier) sind Fenster, Tisch und Stuhl.

2.76 Das (da) sind keine Türen, sondern alles Fenster.

2.77 Das (da) sind nicht alles Zeitungen.

2.78 Das (hier) sind alles keine Bäume.

2.79 Zeitungen sind auch Papier.

LEKTION 3   Fragestellung in der Form 'P-NegP'

GRAMMATIK

3.01 Die Nebeneinanderstellung von bejahter und verneinter Form des
Prädikats bildet einen Fragesatz in der Form 'P-NegP', wobei
eines der beiden Prädikatsnomina weggelassen wird:

a) 這是（書）不是書？

b) 這是書不是（書）？

3.02 Beim Vorhandensein eines weiteren Adverbs wird die Wortstellung
b) verwendet, z.B. 這也是書不是？ Für gewöhnlich benutzt man
in diesem Fall jedoch eine andere Form der Fragestellung(L.13).

3.03 Als Antwort kann anstelle eines vollen Satzes " 這是書 " bzw.
" 這不是書 " eine kürzere Form verwendet werden: " 是書 "
oder " 是 " bzw. " 不是書 " oder " 不是 "。In diesem Fall
entspricht " 是 " bzw. " 不是 " einem deutschen "ja" bzw.
"nein".

MODELLSÄTZE

3.11 這是不是書？ 不是. 不是書. 這不是書.
     zhè shi bú shi shū? bú shi. bú shi shū. zhè bú shi shū。

3.12 鉛筆是筆不是？ 是. 是筆. 鉛筆是筆.
     qiānbǐ shi bǐ bú shi? shì. shì bǐ. qiānbǐ shi bǐ。

ÜBUNGSSÄTZE

3.21 這是書不是？ 這不是書，是本子.
     zhè shi shū bú shi? zhè bú shi shū, shi běnzi.

3.22 那是不是本子？ 不是. 那是畫報跟雜誌.
     nà shi bú shi běnzi? bú shi. nà shi huàbào gēn zázhì.

3.23 這是汽車，這是電車. 汽車電車 都是車.
     zhè shi qìchē, zhè shi diànchē. qìchē diànchē dōu shi chē.

3.24 火車是不是車？ 是車，火車也是車.
     huǒchē shi bú shi chē? shì chē, huǒchē yě shi chē.

3.25 這是飛機，這是錄音機.
     zhè shi fēijī, zhè shi lùyīnjī.

3.26 飛機跟錄音機是不是「機」？ 不是，那都是
     fēijī gēn lùyīnjī shi bú shi 'jī'? bú shi, nà dōu shi
     機器.這是鷄.
     jīqì. zhè shi jī.

VOKABELN

3.41 本子   běnzi   S   Heft
             75.1/

3.42 畫報   huàbào   S   Illustrierte (: Bild - Zeitung)
             102.7/

3.43	雜誌	zázhì 172.10/ 149.7	S	Zeitschrift, Magazin (:diverse - Auf- zeichnungen)
3.44	車	chē 159	S	Fahrzeug, Wagen
3.45	汽車	qìchē 85.4/	S	Auto (: Dampf - Wagen)
3.46	電車	diànchē 173.5/	S	Straßenbahn (: Elektrizität - Wagen)
3.47	火車	huǒchē 86/	S	Eisenbahn, Zug (: Feuer - Wagen)
3.48	飛機	fēijī 183/75.12	S	Flugzeug (: fliegen - Maschine)
3.49	錄音機	lùyīn-jī 167.8/180/	S	Tonbandgerät (aufzeichnen - Schall- Maschine)
3.50	機器	jīqì /30.13	S	Maschine, Apparat, Gerät (: Maschine- Gerät)
3.51	鷄	jī 196.1o	S	Huhn

ANMERKUNGEN

3.61 Bei der Aufeinanderfolge von P-Neg P wird keine Sprechpause gemacht; einen vollen Ton hat nur das erste Prädikat, hier also das erste _shì_. Dies ist auch der Fall, wenn P und Neg P nicht unmittelbar aufeinanderfolgen.

3.62 Für das im Deutschen als Subjekt gebrauchte 'es' gibt es im Chinesischen keine Entsprechung, z.B. 3.11:"Ist das (hier) ein Buch? - Nein, _es_ ist kein Buch."

ÜBUNGSAUFGABE

Übersetzung (gegebenenfalls mit eigenen Antworten):

3.71 Sind das (da) Zeitschriften und Illustrierte ? Nein, das sind Papier und Hefte.

3.72 Ist das eine Wandtafel? Das ist ein Fenster; das (da) ist eine Wandtafel.

3.73 Sind Kreide und Pinsel Schreibgeräte?

3.74 Sind Eisenbahn, Straßenbahn und Auto Fahrzeuge?

3.75 Ist ein Flugzeug ein chē?

3.76 Ist ein Tonbandgerät eine Maschine?

3.77 Das (hier) ist ein Huhn, das (da) ist ein Baum.

<u>LEKTION 4</u>   Personalpronomina

<u>GRAMMATIK</u>

4.01 Das Personalpronomen der ersten Person Singular lautet 我 <u>wǒ</u>,
     das der 2.Person Sing. 你 <u>nǐ</u>. Die Respekt-Form der 2.P. lautet
     您 <u>nín</u>, das sich im Gebrauch nicht immer mit dem deutschen 'Sie
     deckt.

4.02 Das PPr der 3.P.Sing. lautet tā, das in der Schrift durch fol-
     gende Zeichen wiedergegeben wird:

     他 für Menschen männlichen Geschlechts,

     她 für Menschen weiblichen Geschlechts und

     牠 oder 它 für Tiere, Gegenstände und abstrakte Begriffe.

4.03 Die Pluralbildung des PPr erfolgt durch Hinzufügen des Suffixes
     們 <u>-men</u> an die Singularform.

     Für die 1.P.Pl. gibt es zwei mögliche Formen:

     das exklusive 我們 <u>wǒmen</u> schließt die angesprochene Person aus;

     das inklusive 咱們 <u>zámen</u> schließt die angesprochene Person ein.

     Die Pluralform 您們 kommt zwar neuerdings vereinzelt geschrieben
     vor, findet aber kaum Anwendung in der gesprochenen Sprache,
     stattdessen wird 你們 verwendet. Für die 3.P.Pl. wird im allge-
     meinen 他們 geschrieben.

4.04 Das PPr 它 wird nicht im Plural und im allgemeinen auch nicht in
     Subjektstellung verwendet, wenn es sich nicht auf Tiere bezieht.

4.05 Die Verwendung der Substantive im Plural erfordert keine beson-
     dere Form. Das Suffix 們 kann zur Pluralbildung von Substantiven
     verwendet werden, falls hervorgehoben werden soll, daß es sich
     um eine Mehrzahl von Menschen handelt. Wenn Substantive in Ver-
     bindung mit Zahlen auftreten, steht also niemals 們 .

<u>MODELLSÄTZE</u>

4.11 你是學生， 他是學生， 她也是學生， 你們
     nǐ shì xuésheng, tā shì xuésheng, tā yě shì xuésheng, nǐmen
     都是學生.
     dōu shì xuésheng.

4.12 你們不是老師， 我們也不是老師， 咱們都
     nǐmen bú shì lǎoshī, wǒmen yě bú shì lǎoshī, zámen dōu
     不是老師.
     bú shì lǎoshī.

4.13 您是學生不是？ 不是，我是老師；他們是
     nín shì xuésheng bú shì? bú shì, wǒ shì lǎoshī; tāmen shì
     學生.
     xuésheng.

ÜBUNGSSÄTZE

4.21 他是不是老師? 他不是老師, 她是老師.
tā shí bú shi lǎoshī? tā bú shi lǎoshī, tā shì lǎoshī.

4.22 您是老師不是? 是, 我也是老師.
nín shì lǎoshī bú shi? shì, wǒ yě shi lǎoshī.

4.23 她跟我 - 我們都是老師.
tā gēn wǒ - wǒmen dōu shi lǎoshī.

4.24 你們是不是學生? 我們不都是學生.
nǐmen shì bú shi xuésheng? wǒmen bù dōu shi xuésheng.
他跟我是學生, 她跟他不是學生.
tā gēn wǒ shí xuésheng, tā gēn tā bú shi xuésheng.

4.25 咱們是不是老師? 我是老師, 你們不是.
zámen shi bú shi lǎoshī? wǒ shi lǎoshī, nǐmen bú shi.

4.26 我們是學生不是? 你們都是學生.
wǒmen shí xuésheng bú shi? nǐmen dōu shi xuésheng.

4.27 那是汽車不是? 不是, 那是電車, 這是
nà shi qìchē bú shi? bú shi, nà shì diànchē, zhè shì
汽車.
qìchē.

VOKABELN

4.41	我	wǒ 62.3	PPr	ich
4.42	你	nǐ 9.5	PPr	du
4.43	您	nín 61.7	PPr	'Sie' (s. 4.01)
4.44	他	tā 9.3	PPr	er
4.45	她	tā 38.3	PPr	sie (Sing.)
4.46	它(牠)	tā 40.2(93.3)	PPr	er, sie, es (s.4.02/.04)
4.47	我們	wǒmen 79.8	PPr	wir (exkl., s. 4.03/.61)
4.48	咱們	zámen 30.67	PPr	wir (inkl., s. 4.03/.61)
4.49	你們	nǐmen	PPr	ihr
4.50	他們	tāmen	PPr	sie (Pl., s.4.04)

4.51　學生　<u>xuésheng</u>　S　Schüler, Student (: lernen - Gelehrte)
39.13/100

4.52　老師　<u>lǎoshī</u>　S　Lehrer (: alt - Lehrer)
125/50.7

ANMERKUNG

4.61　Der Ausdruck 咱們 wird hauptsächlich im Raum Peking in der mündlichen Sprache verwendet. Im übrigen China sowie durchweg im schriftlichen Gebrauch wird in inklusiver und exklusiver Funktion 我們 verwendet.

ÜBUNGSAUFGABEN

A. Beantworten Sie die Fragen "wahrheitsgemäß":

4.71　Ein Mitschüler fragt Sie:　你是不是老師？

4.72　Der Lehrer fragt Sie:　你是學生不是？

4.73　Der Lehrer fragt Sie nach zwei Mitschülern:　他跟她是不是學生？

4.74　Der Lehrer fragt Sie:　我是學生不是？

4.75　Mitschüler fragen Sie:　我們是不是老師？

4.76　Mitschüler fragen Sie:　咱們是學生不是？

4.77　Der Lehrer fragt Sie:　咱們都是學生不是？

B. Ergänzen Sie die Sätze mit einer Zusammenfassung nach dem Muster des Satzes 4.78:

4.78　她是學生，他也是學生，<u>他們都是學生</u>．

4.79　你是學生，他也是學生，＿＿＿＿＿．

4.80　你是學生，我也是學生，＿＿＿＿＿．

4.81　他是學生，我也是學生，＿＿＿＿＿．

4.82　你不是老師，你也不是老師，＿＿＿＿＿．

4.83　你們不是老師，他們也不是老師，＿＿＿＿＿．

4.84　我們不是老師，你們也不是老師，＿＿＿＿＿．

4.85　您是老師，她也是老師，＿＿＿＿＿．

4.86　他們是學生，我不是學生，＿＿＿＿＿．

LEKTION 5   Der Satz mit Verbalprädikat

GRAMMATIK

5.01   Die Grundstruktur des Satzes mit Verbalprädikat ist

Subjekt + Verbalprädikat (+ Objekt)

5.02   Die Frage in der Form 'P-NegP' und die Abkürzungen der
Antwort finden auch in diesem Satz entsprechend Verwendung (vgl. 3.01 - 3.03).

5.o3   Eine bestimmte Gruppe von Verben erfordert in der Regel
ein Objekt. Ist kein spezifisches Objekt vorhanden oder im
Kontext zu beziehen, so wird ein allgemeines Objekt hinzugefügt, wobei Verb und Objekt eine Sinneinheit bilden. Die
Konstruktion wird deshalb oft durch ein einzelnes deutsches
Verb wiedergegeben; das im Chinesischen vorhandene Objekt
ist in dem deutschen Verb mitenthalten. Beispiel: 説話
shuō huà ('sprechen' - 'Worte') = 'sprechen'.

MODELLSÄTZE

5.11   他 來 不 來 ?   來, 他 來.
tā lái bù lái ?   lái, tā lái.

5.12   你們賣不賣書 ?   不賣, 我們只賣報.
nǐmen mài bú mài shū ?   bú mài, wǒmen zhǐ mài bào.

5.13   他們都不説話.
tāmen dōu bù shuō huà.

ÜBUNGSSÄTZE

5.21   他們走不走 ?   他們不走.
tāmen zǒu bù zǒu ?   tāmen bù zǒu.

5.22   你買不買筆 ?   不, 我買紙, 不買筆.
nǐ mǎi bù mǎi bǐ ?   bù, wǒ mǎi zhǐ, bù mǎi bǐ.

5.23   您看報不看 ?   我不看報, 我看書.
nín kàn bào bú kàn ?   wǒ bú kàn bào, wǒ kàn shū.

5.24   學生們都看德國報, 不看中國報.
xuéshengmen dōu kàn déguó bào, bú kàn zhōngguó bào.

5.25   老師説中國話, 也説德國話.
lǎoshī shuō zhōngguó huà, yě shuō déguó huà.

5.26   學生學中國話, 他們還不會中國話.
xuésheng xué zhōngguó huà, tāmen hái bú huì zhōngguó huà.

VOKABELN

5.41   來   lái   V   kommen
            9.6

5.42   賣   mài   V   verkaufen
            154.8

5.43   只   zhǐ   Adv   nur (bezieht sich auf das folgende
            30.2   Nomen)

5.44	説	shuō 149.7	V	sprechen, sagen
5.45	話	huà 149.6	S	Sprache, Worte
5.46	走	zǒu 156	V	gehen, weggehen, losgehen
5.47	買	mǎi 154.5	V	kaufen
5.48	看	kàn 109.4	V	lesen, sehen, sich ansehen
5.49	德國	déguó 60.12/31.8	E	Deutschland; 德國話 deutsche Sprache, 德國報 deutsche Zeitung, etc.
5.50	中國	zhōngguó 2.3/	E	China (:Mitte - Reich); 中國話 chinesische Sprache, etc.
5.51	學	xué	V	lernen, studieren
5.52	還	hái 162.13	Adv	noch, auch, außerdem, immer noch, doch noch
5.53	會	huì 73.9	V	können, beherrschen

ÜBUNGSAUFGABEN

A. Übersetzung

5.71 Er liest und sie redet.
5.72 Wir lernen nur die chinesische Sprache.
5.73 Geht ihr alle? - Wir gehen nicht alle. Sie geht, ich auch, er nicht.
5.74 Verkauft Deutschland Eisenbahnzüge ?
5.75 China kauft keine Autos und Straßenbahnen, sondern nur Flugzeuge.

B. Bilden Sie aus den Feldern der Satztafel 3 Sätze mit Verbalprädikat.
   Aus jedem Feld kann ein Element gewählt werden, es muß aber nicht
   jedes Feld Verwendung finden. Die Felder, die für einen vollständi-
   gen Satz mindestens gewählt werden müssen, sind doppelt eingerahmt.

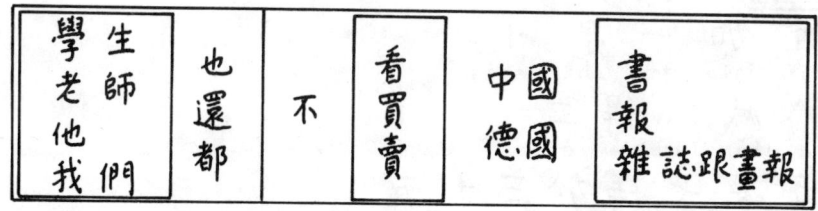

Beispiel: 學生都看德國報，還不看中國報．

Schreiben Sie zur Übung alle Sätze auch in Umschrift. Achten Sie
in verneinten Sätzen auf Tonveränderungen von 不 (s.2.03).

LEKTION 6 Numeralia I (bis 99)

GRAMMATIK

6.01 Die Zahlen 1 bis 10 werden durch einsilbige Numeralia wiedergegeben.

6.02 Die höheren Zahlen werden durch Addition und/oder Multiplikation gebildet.

x \ +	1 yī 一	2 èr 二	3 sān 三	4 sì 四	5 wǔ 五	6 liù 六	7 qī 七	8 bā 八	9 jiǔ 九
10 (一)十 (yī) shí	十一	十二	十三	十四	十五	十六	十七	十八	十九
20 二十 èrshí	二十一	二十二	二十三	二十四	二十五	二十六	二十七	二十八	二十九
30 三十 sānshí	三十一	三十二	三十三	三十四	三十五	三十六	三十七	三十八	三十九
40 四十 sìshí	四十一	四十二	四十三	四十四	四十五	四十六	四十七	四十八	四十九
50 五十 wǔshí	五十一	五十二	五十三	五十四	五十五	五十六	五十七	五十八	五十九
60 六十 liùshí	六十一	六十二	六十三	六十四	六十五	六十六	六十七	六十八	六十九
70 七十 qīshí	七十一	七十二	七十三	七十四	七十五	七十六	七十七	七十八	七十九
80 八十 bāshí	八十一	八十二	八十三	八十四	八十五	八十六	八十七	八十八	八十九
90 九十 jiǔshí	九十一	九十二	九十三	九十四	九十五	九十六	九十七	九十八	九十九

MODELLSÄTZE

6.11 九 加 一 是 十.
jiǔ jiā yī shì shí.

6.12 八 減 六 得 二.
bā jiǎn liù dé èr.

6.13 五 乘 七 等 於 三 十 五.
wǔ chéng qī děngyú sānshíwǔ.

6.14 四 除 十 二 等 於 三.
sì chú shíèr děngyú sān.

ÜBUNGSSÄTZE

6.21 十 三 加 九 得 二 十 二.
shísān jiā jiǔ dé èrshíèr.

6.22　四十七減三十六等於十一.
　　　sìshiqī jiǎn sānshiliù děngyú shíyī.

6.23　五乘八是四十.
　　　wǔ chéng bā shì sìshí.

6.24　七除四十二得六.
　　　qī chú sìshièr dé liù.

6.25　四十五加五十四等於九十九.
　　　sìshiwǔ jiā wǔshisì děngyú jiǔshijiǔ.

6.26　八十八減四十四是四十四.
　　　bāshibā jiǎn sìshisì shì sìshisì.

6.27　六乘四得二十四.
　　　liù chéng sì dé èrshisì.

6.28　三除二十一是七.
　　　sān chú èrshiyī shì qī.

VOKABELN

6.41	一	yī 1	Nu	eins, ein(-e)
6.42	二	èr 7	Nu	zwei
6.43	三	sān 1.2	Nu	drei
6.44	四	sì 31.2	Nu	vier
6.45	五	wǔ 7.2	Nu	fünf
6.46	六	liù 12.2	Nu	sechs
6.47	七	qī 1.1	Nu	sieben
6.48	八	bā 12	Nu	acht
6.49	九	jiǔ 5.1	Nu	neun
6.50	十	shí 24	Nu	zehn
6.51	加	jiā 19.3	V	addieren, plus, hinzufügen
6.52	減	jiǎn 85.9	V	vermindern, minus, subtrahieren
6.53	乘	chéng 4.9	V	multiplizieren
6.54	除	chú 170.7	V	dividieren

6.55 得   dé   V   erhalten, bekommen
            ‾‾‾‾
            60.8

6.56 等於   děngyú   V   gleich sein
            ‾‾‾‾‾‾‾‾‾
            118.6/70.4

ANMERKUNG

6.61 Beim Dividieren wird, anders als im Deutschen, die zu
      teilende Zahl stets hinter 除 (teilen) gesetzt; 12:4=3
      wird also 四除十二等於三 gelesen.

ÜBUNGSAUFGABE

Übertragen Sie die Aufgaben ins Chinesische:

6.71   7 + 3 = 10
6.72   2 x 4 = 8
6.73   9 : 3 = 3
6.74   5 - 1 = 4
6.75   7 x 9 = 63
6.76   35 +21 = 56
6.77   68 : 4 = 17
6.78   25 - 6 = 19
6.79   18 +24 = 42
6.80   96 : 4 = 24
6.81   79 -43 = 36
6.82   12 x 5 = 60

<u>LEKTION 7</u>   Das Zählwort des Substantivs

<u>GRAMMATIK</u>

7.01   Demonstrative und/oder zahlenmäßige Bestimmung eines Substan-
       tivs erfolgt unter Verwendung eines Zählwortes:

                   Nu + Zw + S
           DPr + Nu + Zw + S
           DPr   + Zw + S

7.02   Das Zählwort kommt nicht allein vor, kann aber u.U. in Verbin-
       dung mit einem Demonstrativpronomen und/oder einem Numerale
       das weggelassene Substantiv vertreten.

7.03   Für jedes Substantiv gibt es ein oder mehrere geeignete Zähl-
       wörter. Eine geringe Zahl von Substantiven hat selbst Zählwort-
       Charakter und benötigt daher kein weiteres Zählwort.

7.04   Das Zählwort 個 ge ist das allgemeinste und am häufigsten ge-
       brauchte Zählwort. Es wird für Personen gebraucht und für Ge-
       genstände, die kein besonderes Zählwort haben. 個 kann alle
       anderen Zählwörter vertreten, jedoch wird das speziellere
       Zählwort als angebrachter empfunden.

7.05   Für die Zahl 2 wird statt 二 èr, das nur als abstrakte Zahl
       und Ordinalzahl verwendet wird, 兩 liǎng zur Bestimmung vor
       einem Zählwort gebraucht.

7.06   Tonveränderungen bei 一 yī, 七 qī und 八 bā (vgl. 2.03 不 bù):

           yī   yìtiān   yìnián   yìběn   yíjiàn   yíge
           qī   qītiān   qīnián   qīběn   qíjiàn   qíge
           bā   bātiān   bānián   bāběn   bájiàn   báge

<u>MODELLSÄTZE</u>

7.11   這是三本書.
       zhè shì sānběn shū.

7.12   我看這本書，不看那兩本.
       wǒ kàn zhèiběn shū, bú kàn nèi liǎngběn.

<u>ÜBUNGSSÄTZE</u>

7.21   我買兩本雜誌，還買一本畫報.
       wǒ mǎi liǎngběn zázhì, hái mǎi yìběn huàbào.

7.22   這是一枝鋼筆、兩枝毛筆、三枝粉筆，一共
       zhè shì yìzhī gāngbǐ, liǎngzhī máobǐ, sānzhī fěnbǐ, yígòng
       是六枝筆.
       shì liùzhī bǐ.

7.23   那不是報，那是一張紙.
       nà bú shì bào, nà shì yìzhāng zhǐ.

7.24   一張桌子跟一把椅子是兩件東西.
       yìzhāng zhuōzi gēn yìbǎ yǐzi shì liǎngjiàn dōngxi.

7.25 一個老師跟八個學生一共是九個人.
yíge lǎoshī gēn báge xuésheng yígòng shi jiǔge rén.

7.26 那位老師是不是中國人？
nèiwèi lǎoshī shi bú shi zhōngguó rén？

是，他是中國人.
shi, tā shi zhōngguó rén.

7.27 一年是十二個月.
yìnián shi shièrge yuè.

7.28 七天是一個星期.
qītiān shi yíge xīngqī.

VOKABELN

7.41 個	gè, ge 9.8.	Zw	allgemeines Zw (in der Regel im neutralen Ton ausgesprochen). (:Individuum, Stück)
7.42 兩	liǎng 11.6	Nu	zwei (vor Zw)
7.43 這	zhè, zhèi	DPr	diese(-r,-s) (vgl.1.41)
7.44 本	běn	Zw	Zählwort für Bücher, Hefte wie 書 , 雜誌 (:Wurzel)
7.45 那	nà, nèi	DPr	jene(-r,-s) (vgl.1.42)
7.46 枝	zhī 75.4	Zw	Zw für 'stockartige Gegenstände', z.B. 筆 (: Ast)
7.47 一共	yígòng /12.4	Adv	insgesamt
7.48 張	zhāng 57.8	Zw	Zw für großflächige Gegenstände wie 紙 , 報 , 桌子, 黑板 (:(Bogen) spannen)
7.49 把	bǎ 64.4	Zw	Zw für Gegenstände mit Griff, z.B. 椅子 (: greifen)
7.5o 件	jiàn 9.4	Zw	Zw für 'Sachen' wie 東西, 'Angelegen-heiten', 'Kleidungsstücke' (:Teil)
7.51 東西	dōngxi 75.4/146.0	S	Ding, Sache, Gegenstand (: Osten-Westen). Zw: 個 oder 件
7.52 人	rén 9	S	Mensch, Person
7.53 位	wèi 9.5	Zw	Zw für Personen (Höflichkeitsform; nicht für 人)
7.54 年	nián 51.3	S	(Kalender-)Jahr, (benötigt kein Zw)
7.55 月	yuè 74	S	Monat
7.56 天	tiān 37.1	S	Tag (benötigt kein Zw)
7.57 星期	xīngqī 72.5/74.8	S	Woche (:Stern - Treffen)

ANMERKUNGEN

7.61 Von dieser Lektion an wird bei den Vokabeln angegeben, ob
      ein Substantiv spezifische Zählwörter oder überhaupt kein Zw
      benötigt; wenn das allgemeine Zw個 verwendet wird, erfolgt keine
      Angabe.

7.62 In verneintem Aussagesatz werden Nu + Zw in der Regel nicht ver-
      wendet, z.B. 我不買書 (Ich kaufe kein Buch/keine Bücher), es
      sei denn, es wird eine Menge negiert und mit einer anderen Menge
      kontrastiert, z.B. 我不買一本書,我買兩本 (Ich kaufe nicht ein
      Buch, sondern zwei).

ÜBUNGSAUFGABE

Ergänzen Sie die folgenden Sätze sinngemäß:

7.71 (2)老師跟 (16) 學生 _____ 是 __ 人.

7.72 (10)桌子跟 (20) 椅子一共是 _____.

7.73 (5)中國書, (7) 德國書,____ 是 _____.

7.74 這是 (1) 門, 那是 (2) 窗户.

7.75 我不買 (2) 鉛筆, 只買 _____.

7.76 (2) 星期是 _____ 天.

7.77 (18) 月加 (6) 月是 _____ 月, 等於 _____ 年.

7.78 ___跟 ___ , 咱們是 (2) 人.

7.79 (Diese Zeitung) 是中國報.

7.80 _____ 學生不是中國人, 他是 _____, 只說 _____.

<u>LEKTION 8</u>   Der Satz mit Adjektivprädikat

<u>GRAMMATIK</u>

8.01 Die Grundstruktur des Satzes mit Adjektivprädikat ist

Subjekt + Adjektivprädikat.

Das chinesische Adjektiv hat verbalen Charakter, deshalb steht keine Kopula.

8.02 Im bejahten Aussagesatz steht vor einem einfachen prädikativi-schen Adjektiv i. allg. das Adverb 很 <u>hěn</u>. Es hat hier nur eine Stützfunktion, also nicht seine volle Bedeutung 'sehr'. Es wird beim Sprechen nicht betont (8.11). Wenn 很 seine verstärkende Bedeutung 'sehr' haben soll, muß es betont gesprochen werden.

8.03 Ohne 很 wird ein Satz mit Adjektivprädikat im Sinne einer Ge-genüberstellung verstanden: 這本書好. Mitverstanden z.B.: 那本不好. In vergleichenden Sätzen wie 8.12 ist daher kein 很 erforderlich.

8.04 Die Frage in der Form P-NegP findet auch in diesem Satz Ver-wendung (vgl. 3.01-03). Beispiel: 這本書好不好? 不好. 那本好.

<u>MODELLSÄTZE</u>

8.11 這本書很好.
     zhèiběn shū hěn hǎo.

8.12 學生多, 老師少.
     xuésheng duō, lǎoshī shǎo.

<u>ÜBUNGSSÄTZE</u>

8.21 同學們早.
     tóngxuémen zǎo.

8.22 早, 老師早.
     zǎo, lǎoshī zǎo.

8.23 你好不好?
     nǐ hǎo bù hǎo?

8.24 謝謝, 我很好.
     xièxie, wǒ hěn hǎo.

8.25 這張黑板乾淨不乾淨? 不很乾淨.
     zhèi zhāng heībǎn gānjing bù gānjing?   bù hěn gānjing.

8.26 這枝粉筆很短.
     zhèizhī fěnbǐ hěn duǎn.

8.27 電車短, 火車長.
     diànchē duǎn, huǒchē cháng.

8.28 中國話很難, 德國話也很不容易.
     zhōngguó huà hěn nán, déguó huà yě hěn bù róngyi.

8.29 這個句子對不對？對.
     zhèige jùzi duì bú duì? duì.

8.30 四加二等於五，對不對？不對，四加二
     sì jiā èr děngyú wǔ, duì bú duì? bú duì, sì jiā èr

     是六，不是五.
     shì liù, bú shì wǔ.

VOKABELN

8.41	很	hěn 60.6	Adv	sehr
8.42	好	hǎo 38.3	Adj	gut
8.43	多	duō 36.3	Adj	viel, zahlreich
8.44	少	shǎo 42.1	Adj	wenig
8.45	同學	tóngxué 30.3/	S	Mitschüler, Kommilitone
8.46	早	zǎo 72.2	Adj	früh
8.47	謝謝	xièxie 149.10	V	danken; danke schön
8.48	乾淨	gānjing 5.10/85.8	Adj	sauber (: trocken - sauber)
8.49	短	duǎn 111.7	Adj	kurz
8.50	長	cháng 168	Adj	lang
8.51	難	nán 172.11	Adj	schwer, schwierig
8.52	容易	róngyi 40.7/72.4	Adj	leicht, mühelos
8.53	句子	jùzi 30.2	S	Satz
8.54	對	duì 41.11	Adj	richtig

ÜBUNGSAUFGABE   Übersetzung:

8.71 Wie geht's euch? Danke, uns geht's gut.
8.72 Dieses Stück Kreide ist klein.
8.73 Das Tonbandgerät (da) ist nicht besonders gut.
8.74 Es sind viele Stühle, aber wenig Tische.
8.75 Die Tische und Stühle sind schmutzig.
8.76 Ist Chinesisch schwer? (mit Antwort)
8.77 Dieser Satz ist gar nicht leicht.
8.78 Eine Woche hat sieben Tage, stimmt's ? (mit Antwort)

LEKTION 9   Das Attributivhilfswort 的

GRAMMATIK

9.01 Substantive, Pronomen und Adjektive können als Attribute vor einem Substantiv verwendet werden.

9.02 Das Attributivhilfswort 的 de steht zur Verbindung zwischen dem Attribut und dem Beziehungswort.

9.03 Soweit kein Mißverständnis entsteht, kann das Hw 的 entfallen, vor allem unter folgenden Umständen:

1) nach gebräuchlichen, insbesondere nach einsilbigen Adjektiven, z.B. 好書 'gutes Buch';

2) nach Pronomen und bei der Bezeichnung menschlicher Beziehungen, z.B. 我們老師 'unser Lehrer';

3) bei Besitzverhältnissen und Zugehörigkeiten, z.B. 汽車門 'Autotür', 德國報 'deutsche Zeitung'.

9.04 Das Beziehungswort kann wegfallen, wenn aus dem Zusammenhang hervorgeht, wovon die Rede ist; das Hw 的 ist dann unentbehrlich.

9.05 Wird das attributiv gebrauchte Adjektiv durch ein Adverb näher bestimmt, so ist 的 unentbehrlich.

9.06 Der Satz, in dem die Konstruktion 'Adj + 的' als Prädikatsnomen fungiert, beschreibt einen Sachverhalt, während der Satz mit Adjektivprädikat eine Wertung zum Ausdruck bringt.

9.07 Den Adjektiven 多 duō und 少 shǎo wird stets das Adverb 很 hinzugefügt, wenn sie attributiv verwendet und durch kein anderes Adverb bestimmt werden. Dabei ist das Hilfswort 的 nicht erforderlich; wenn kein 的 vorhanden ist, kann ein Zählwort gebraucht werden.

MODELLSÄTZE

9.11 這是我同學的書，不是我的．
zhè shi wǒ tóngxuéde shū, bú shi wǒde.

9.12 這是一本好書， 一本很好的書．
zhè shì yìběn hǎo shū, yìběn hěn hǎode shū.

9.13 那張紙不乾淨，這張是乾淨的．
nèizhāng zhǐ bù gānjing, zhèizhāng shì gānjingde.

9.14 很多(的)人買這本書．
hěn duō(de) rén mǎi zhèiběn shū.

ÜBUNGSSÄTZE

9.21 我買一個大本子， 兩個小本子．
wǒ mǎi yíge dà běnzi, liǎngge xiǎo běnzi.

9.22 這兩本書是你的不是？
zhèi liǎngben shū shì nǐde bú shi ?
薄的是我的，厚的是張先生的．
báode shì wǒde, hòude shì zhāng xiānshengde.

9.23 張 先 生 是 我 老 師 ， 又 是 我 朋 友 .
zhāng xiānsheng shì wǒ lǎoshī, yòu shi wǒ péngyou.

9.24 張 老 師 的 太 太 是 德 國 人 .
zhāng lǎoshīde tàitai shì déguó rén.

9.25 這 位 太 太 是 我 同 學 的 姐 姐 .
zhèiwèi tàitai shì wǒ tóngxuéde jiějie.

9.26 她 先 生 是 張 老 師 的 朋 友 .
tā xiānsheng shì zhāng lǎoshīde péngyou.

9.27 那 位 小 姐 是 張 太 太 的 妹 妹 .
nèiwèi xiǎojie shì zhāng tàitaide mèimei.

9.28 他 的 朋 友 很 多 ； 不 少 中 國 學 生 都 是
tāde péngyou hěn duō; bù shǎo zhōngguó xuésheng dōu shi

他 的 好 朋 友 .
tāde hǎo péngyou.

9.29 很 少 德 國 人 會 中 國 話 .
hěn shǎo déguó rén huì zhōngguó huà.

9.30 這 是 一 個 很 不 容 易 的 句 子 .
zhè shì yíge hěn bù róngyide jùzi.

9.31 這 本 雜 誌 不 是 舊 的 ， 這 是 一 本 很 新 的 雜 誌 .
zhèiběn zázhì bú shi jiùde, zhè shi yìběn hěn xīnde zázhì.

VOKABELN

9.41	的	-de 106.3	Hw	Hilfswort zur Bezeichnung einer attributiven Beziehung
9.42	大	dà 37	Adj	groß
9.43	小	xiǎo 42	Adj	klein
9.44	厚	hòu 27.7	Adj	dick (z.B. Buch)
9.45	張	zhāng	E	(Familienname)
9.46	先生	xiānsheng 10.4/	S	Herr, auch als Anrede (X xiānsheng = Herr X); Lehrer; Ehemann (: früher - geboren)
9.47	薄	báo, bó 140.13	Adj	dünn (Gegensatz zu 厚)
9.48	又	yòu 29	Adv	noch dazu, überdies, ferner, außerdem; wieder, wiederum
9.49	朋友	péngyou 74.4/29.2	S	Freund, Bekannter (: Freund - Freund)
9.50	太太	tàitai 37.1	S	Frau, Ehefrau, Anrede für (verheiratete) Frau

9.51	姐姐	<u>jiějie</u> 38.5	S	ältere Schwester
9.52	小姐	<u>xiǎojie</u>	S	Fräulein, Mädchen, Anrede für (unverheiratete) junge Frau
9.53	妹妹	<u>mèimei</u> 38.5	S	jüngere Schwester
9.54	舊	<u>jiù</u> 134.12	Adj	alt (nicht neu)
9.55	新	<u>xīn</u> 69.9	Adj	neu

ÜBUNGSAUFGABE

Übersetzung: (gegebenenfalls mit Antwort)

9.71   Ist euer Lehrer Chinese?

9.72   Der Ehemann jener Chinesin ist Deutscher.

9.73   Gehört dieses Tonbandgerät dir?

9.74   Ich kaufe ein dickes Heft und drei dünnere.

9.75   Ist das eine alte Illustrierte?

9.76   Das große Auto meiner Schwester ist nicht neu.

9.77   Das ist mein Freund; er spricht nur wenig chinesisch.

9.78   Viele seiner Freunde sind auch meine Freunde.

9.79   Ihre jüngeren Schwestern sind alle Schülerinnen von Fräulein Zhang.

9.80   Dieser Satz ist lang und auch schwierig.

LEKTION 10 Nebeneinanderstellung mehrerer Attribute

GRAMMATIK

10.01 Verschiedene Attribute treten gewöhnlich in folgender Reihenfolge auf:

S / PPr-Hw	DPr-Nu-Zw	Adv Adj-Hw	Adv Adj-Hw	Adv Adj-Hw	S
老師的	那一本	很厚的	很大的	很新的	書
a) lǎoshī(de)	nà(yī)běn	hěn hòu(de)	hěn dà(de)	hěn xīn-de	shū
b) 他 tā(de)	" " "	" " "	" " "	hěn dà-de	xīn(de) "
c) " "	" " "		hěn dà(de)	hěn xīn-de	"
d) " "	" " "		hěn dà-de	xīn(de)	"
e) " "	" " "			hěn xīn-de	"
f) " "	" " "			xīn(de)	"
g) tā-de				xīn(de)	"

10.02 Sind mehrere attributiv gebrauchte Adjektive vorhanden, wird
ihnen in der Regel jeweils das Hilfswort 的 angehängt; sie
können auch durch vorangesetzte Adverbien, z.B. 很,getrennt
werden. Letzteres gilt auch für prädikativ gebrauchte Adjektive.

10.03 Zweisilbige attributiv gebrauchte Adjektive können auch ohne
的 bzw. Adverbien aufeinanderfolgen. Gelegentlich folgen zwei
einsilbige Adjektive direkt aufeinander, die zu einer neuen
Einheit verbunden sind; für welche Adjektive dies gilt und in
welcher Reihenfolge sie aufeinanderfolgen, ist durch den
Sprachgebrauch festgelegt, z.B. 厚大 (aber nicht 大厚), 長大 ,
高大 , 粗大 , 短粗, 細長 , 矮胖 , 矮小 , 瘦小 , 瘦高 .

MODELLSÄTZE

10.11 那本 很大很厚的 新書不是我的.
neiběn hěn dà hěn hòude xīn shū bú shi wǒde.

10.12 那本厚大的新書是我們老師的.
nèiběn hòu-dàde xīn shū shì wǒmen lǎoshīde.

10.13 我的這本書又小又薄.
wǒde zhèiběn shū yòu xiǎo yòu báo.

10.14 她的衣服都是乾淨漂亮的.
tāde yīfu dōu shi gānjing piàoliangde.

ÜBUNGSSÄTZE

10.21 那家新的書店也賣新書, 也賣舊書.
nèijiā xīnde shūdiàn yě mài xīn shū, yě mài jiù shū.

10.22 我不喜歡那件衣服; 那件衣服也不新也
wǒ bù xǐhuan nèijiàn yīfu; nèijiàn yīfu yě bù xīn yě
不乾淨.
bù gānjing.

10.23 我很喜歡這件又漂亮又舒服的衣服；我
wǒ hěn xǐhuan zhèijiàn yòu piàoliang yòu shūfude yīfu; wǒ
買這件.
mǎi zhèijiàn.

10.24 鉛筆是長的圓的，粉筆是短的方的.
qiānbǐ shì chángde yuánde, fěnbǐ shì duǎnde fāngde.

10.25 這枝細長的鋼筆不是我的；我的是一枝不
zhèizhī xì-chángde gāngbǐ bú shi wǒde; wǒde shì yìzhī bù
長又很粗的.
cháng yòu hěn cūde.

10.26 學生們的桌子都很小；那張很長很大
xuéshengmende zhuōzi dōu hěn xiǎo; nèizhāng hěn cháng hěn dà
很高的桌子是老師的.
hěn gāode zhuōzi shì lǎoshīde.

10.27 我不買高大的桌子；我買一張矮小的.
wǒ bù mǎi gāo-dàde zhuōzi; wǒ mǎi yìzhāng ǎi-xiǎode.

10.28 哥哥又矮又胖，弟弟又高又瘦.
gēge yòu ǎi yòu pàng, dìdi yòu gāo yòu shòu.

10.29 矮胖的是哥哥，瘦高的是弟弟.
ǎi-pàngde shì gēge, shòu-gāode shì dìdi.

10.30 高小姐會很多很多德國話，方太太只
gāo xiǎojie huì hěn duō hěn duō déguó huà, fāng tàitai zhǐ
會兩句.
huì liǎngjù.

VOKABELN

10.41	衣服 yīfu 145/74.4	S	Bekleidung, Kleidungsstück (: Kleidung - Kleidung), Zw:件
10.42	漂亮 piàoliang 85.11/8.7	Adj	hübsch, schick, flott (: durchspülen - leuchtend)
10.43	家 jiā 40.7	Zw	Zw für Familien, Geschäfte (: Haushalt)
10.44	店 diàn 53.5	S	Laden, Geschäft, Zw:家 ；書店 Buchhandlung
10.45	喜歡 xǐhuan 30.9/76.18	V	gern mögen, lieb haben, Gefallen haben an(: sich freuen - fröhlich)
10.46	舒服 shūfu 135.6/	Adj	bequem, angenehm, komfortabel (: ausstreckend - gehorchen)
10.47	圓 yuán 31.10	Adj	rund
10.48	方 fāng 70	Adj/E	viereckig, quadratisch; Familienname

10.49	細	xì 120.5	Adj	dünn, fein
10.50	粗	cū 119.5	Adj	dick, stark (Gegensatz zu 細)
10.51	高	gāo 189	Adj/E	hoch, groß; Familienname
10.52	矮	ǎi 111.8	Adj	niedrig, klein (Gegensatz zu 高)
10.53	哥哥	gēge 30.7	S	älterer Bruder
10.54	胖	pàng 130.5	Adj	dick, fett
10.55	弟弟	dìdi 57.4	S	jüngerer Bruder
10.56	瘦	shòu 104.9	Adj	schlank, mager (Gegensatz zu 胖)
10.57	句	jù	Zw	Zw für 話: 一句話 ein Satz (vgl.8.53)

ANMERKUNG

10.61 Die doppelte oder vielfache Verwendung von 又 bzw. 也 bringt
zum Ausdruck, daß mehrere Handlungen gleichzeitig vor sich
gehen oder mehrere Eigenschaften gleichzeitig vorhanden sind,
wobei 又 stärker als 也 ist. 也 kann nur verwendet werden,
wenn vor einem Adjektiv ein weiteres Adverb steht, z.B. kann
im Satz 10.13 也 nicht anstelle von 又 benutzt werden. Außer-
dem kann in 10.25 又 nicht durch 也 ersetzt werden, da 不長
negativ und 很粗 positiv ist.

ÜBUNGSAUFGABE

Übersetzung:

10.71 Willst du die neue chinesische Illustrierte lesen ?

10.72 Die große Buchhandlung dort verkauft keine antiquarischen,
sondern nur neue Bücher.

10.73 Gehört dieses hübsche kleine Tonbandgerät dir ?

10.74 Der alte dreckige Pinsel gehört mir nicht.

10.75 Das neue Auto von Herrn Gao ist schick und komfortabel; mir
gefällt es sehr gut.

10.76 Der große Sessel unseres Lehrers ist nicht besonders bequem.

10.77 Das große schlanke Mädchen ist die jüngere Schwester von Frau
Fang.

10.78 Ist der kleine dicke Chinese dein Freund ?

10.79 Ich kaufe mir keinen Neuwagen, sondern einen kleinen Gebraucht-
wagen.

LEKTION 11   Der Fragesatz mit Interrogativpronomen

GRAMMATIK

11.01 Im Fragesatz steht ein Interrogativpronomen in der Position des
Wortes, nach dem man sich erkundigen will.

11.02 Die Frage nach der Anzahl ('wieviel') wird mit Hilfe von 幾 _jǐ_
oder 多少 _duōshǎo_ gestellt.
幾 wird benutzt, wenn die in der Antwort erwartete Zahl 10
nicht übersteigt(11.12). 多少 kann auch nach Zahlen über 10
fragen (11.12/17).

11.03 Das Zählwort kann bei 多少 ausfallen (vgl.9.07), bei 幾 nicht.

11.04 Im Gegensatz zu 多少 kann 幾 auch nach der Ziffer vor jeder Stellenbezeichnung fragen, z.B. ' 幾 十 ?'.

11.05 Neben seiner Funktion als Interrogativpronomen kann 幾 auf
eine kleine und unbestimmte Anzahl hinweisen ('ein paar',
'einige'); es wird dann nicht betont ausgesprochen (11.11).

MODELLSÄTZE

11.11 這 是 甚 麼 ? 這 是 甚 麼 東 西 ?
zhè shì shénmo ? zhè shì shénmo dōngxi ?

這 是 幾 本 書 .
zhè shì jǐběn shū.

11.12 這 是 幾 本 書 ? 這 是 多 少 (本) 書 ?
zhè shì jǐběn shū ? zhè shì duōshǎo(běn) shū ?

這 是 三 本 書 .
zhè shì sānběn shū.

11.13 這 本 書 是 誰 的 ? 這 本 是 誰 的 書 ?
zhèiběn shū shì shéide ? zhèiběn shì shéide shū ?

這 本 是 他 的 書 .
zhèiběn shì tāde shū.

11.14 他 是 誰 ? 他 是 甚 麼 人 ?
tā shì shéi ? tā shì shénmo rén ?

他 是 我 的 朋 友 .
tā shì wǒde péngyou.

11.15 哪 本 書 是 你 的 ? 你 的 書 是 哪 一 本 ?
něiběn shū shì nǐde ? nǐde shū shì něi yìběn ?

那 本 是 我 的 .
nèiběn shì wǒde.

11.16 誰 看 這 本 書 ?
shéi kàn zhèiběn shū ?

我 看 這 本 書 .
wǒ kàn zhèiběn shū.

11.17 多少(個)學生 學中國話?
duōshǎo(ge) xuésheng xué zhōngguó huà ?
二十幾個.
èrshijǐge.

ÜBUNGSSÄTZE

11.21 你找誰? 你找甚麼人?
nǐ zhǎo shéi ? nǐ zhǎo shénmo rén ?
我找 我們的張老師.
wǒ zhǎo wǒmende zhāng lǎoshī.

11.22 哪位先生 是張老師?
něiwèi xiānsheng shì zhāng lǎoshī ?
那位不很高也不很瘦的就是他.
nèiwèi bù hěn gāo yě bù hěn shòude jiù shi tā.

11.23 他是哪國人?
tā shì něiguó rén ?
他是中國人.
tā shì zhōngguó rén.

11.24 這是甚麼地方?
zhè shì shénmo dìfang ?
這是一個學校.
zhè shì yíge xuéxiào.

11.25 這兩個字念甚麼?
zhèi liǎngge zì niàn shénmo ?
這兩個字念 'róngyi'.
zhèi liǎngge zì niàn 'róngyi'.

11.26 '容易' 這個詞是甚麼意思?
'róngyi' zhèige cí shì shénmo yìsi ?
'容易' 就是 '不難' 的意思.
'róngyi' jiù shi 'bù nán'-de yìsi.

11.27 您買甚麼?
nín mǎi shénmo ?
我要幾個本子.
wǒ yào jǐge běnzi.

11.28 這是厚本子, 這是薄的; 您要幾本?
zhè shì hòu běnzi, zhè shì báode; nín yào jǐběn ?
我要三本薄的、兩本厚的. 我還要一些紙.
wǒ yào sānběn báode, liǎngběn hòude. wǒ hái yào yìxiē zhǐ.

11.29 您 要 多 少 (張) 紙 ?
nín yào duōshǎo(zhāng) zhǐ ?

我 要 五 十 張.
wǒ yào wǔshizhāng.

VOKABELN

11.41	甚麼	shénmo 99.4/200.3	IPr	was, was für
11.42	幾	jǐ 52.9	IPr/Nu	wieviel; einige
11.43	多少	duōshǎo	IPr	wieviel
11.44	誰	shéi, shuí 149.8	IPr	wer (wem, wen); 誰的 wessen
11.45	哪	nǎ, něi 30.7	IPr	welche(-r, -s)
11.46	找	zhǎo 64.4	V	suchen, aufsuchen
11.47	就	jiù 43.9	Adv	nämlich, also; gleich
11.48	地方	dìfang 32.3/	S	Ort, Platz, Gegend (: Erde - Richtung)
11.49	學校	xuéxiào /75.6	S	Schule (: Schule - Schule); Zw: 所 suǒ/63.4
11.50	字	zì 39.3	S	Schriftzeichen, Silbe
11.51	詞	cí 149.5	S	Wort, Vokabel
11.52	念	niàn 61.4	V	laut lesen, vorlesen, lesen, lernen, studieren
11.53	意思	yìsi 61.9/61.5	S	Bedeutung, Sinn
11.54	要	yào 146.3	V	haben wollen, brauchen
11.55	些	xiē 7.6	Zw	Zw zur Bezeichnung einer unbestimmten Menge

ÜBUNGSAUFGABEN

A. Ergänzen Sie die folgenden Fragen.

11.71 三 個 德 國 學 生 跟 兩 個 中 國 學 生 一 共 是 ＿＿＿＿＿ ?

11.72 一 位 老 師 跟 十 九 位 同 學 一 共 是 ＿＿＿＿＿ ?

11.73 那位漂亮小姐是 _____ ?

11.74 她說 ____ 國話 ?   (Welche...?)

11.75 您要 ____ 東西 ?   (Was....?)

11.76 這些衣服都是 _____ ? (Wem gehören...?)

B. Bilden Sie mit den folgenden Wörtern Frage und Antwort nach
   dem Muster des Übungssatzes 11.26.

11.77 大

11.78 高

11.79 長

11.80 細

11.81 薄

11.82 瘦

LEKTION 12 Das Verb 有

GRAMMATIK

12.01 Das Verb 有 yǒu, 'haben, besitzen', wird durch das Adverb 沒 méi verneint. Die Frageform 'P-NegP' lautet also '有沒有'.

12.02 Im verneinten Aussagesatz genügt 沒 , falls es nicht unmittelbar vor dem Satzende oder einer Sprechpause steht.

12.03 Zeitangaben stehen grundsätzlich vor dem Prädikat (12.24/26), zur Betonung aber auch am Satzanfang (12.25).

MODELLSÄTZE

12.11 你 有 沒 有 書 ?　你 有 書 沒 有 ?
　　　nǐ yǒu méi yǒu shū ?　nǐ yǒu shū méi yǒu ?
　　　沒 有, 我 沒(有) 書.
　　　méi yǒu, wǒ méi(you) shū.

12.12 這 本 書 有 意 思 沒 有 ?
　　　zhèiběn shū yǒuyìsi méi yǒu ?
　　　很 有 意 思.
　　　hěn yǒuyìsi.

ÜBUNGSSÄTZE

12.21 同 學 們 有 沒 有 問 題 ?　哪 位 同 學 有 問 題 ?
　　　tóngxuémen yǒu méi you wèntí ?　něiwèi tóngxué yǒu wèntí ?

12.22 老 師, 我 有 (一) 個 問 題 : 「細ˊ是 不 是 「不
　　　lǎoshī, wǒ yǒu (yí)ge wèntí : 'xì' shi bú shi 'bú
　　　胖ˊ的 意 思 ?
　　　pàng '-de yìsi ?
　　　不 是, 「細ˊ的 意 思 是 「不 粗ˊ, 「不 胖ˊ是
　　　bú shi, 'xì'-de yìsi shi 'bù cū', 'bú pàng' shi
　　　瘦ˊ的 意 思.
　　　'shòu'-de yìsi.

12.23 還 有 問 題 沒 有 ?　　誰 還 有 問 題 ?
　　　hái yǒu wèntí méi you ?　shéi hái yǒu wèntí ?

12.24 毛 小 姐,　你 今 天 有 課 沒 有 ?
　　　máo xiǎojie, nǐ jīntian yǒu kè méi yǒu ?
　　　有, 我 今 天 有 兩 節 課.
　　　yǒu, wǒ jīntian yǒu liǎngjié kè.

12.25 明 天 你 有 沒 有 空 兒 ?
　　　míngtian nǐ yǒu méi you kòngr ?
　　　明 天 上 午 我 有 事(情), 下 午 有 空 兒.
　　　míngtian shàngwǔ wǒ yǒu shì(qing), xiàwǔ yǒu kòngr.

12.26 咱們 明天 下午 一塊兒 做 練習, 好不好？
zámen míngtian xiàwǔ yíkuàir zuò liànxi, hǎo bù hǎo ?

好.
hǎo.

VOKABELN

12.41	有	yǒu 74.2	V	haben, besitzen
12.42	沒	méi 85.4	Adv	nicht (haben)
12.43	有意思	yǒu-yìsi	Adj	interessant; 沒(有)意思 uninteressant, langweilig
12.44	問題	wènti 30.8/181.9	S	Frage, Problem (: fragen- Thema)
12.45	毛	máo	E	Familienname
12.46	今天	jīntian 9.2/	S	der heutige Tag, heute (: Gegenwart - Tag)
12.47	課	kè 149.8	S	Unterrichtsstunde, Zw: 節 jié/118.7 (:Abschnitt), 堂 táng/32.8 (:Saal)
12.48	明天	míngtian 72.4	S	der morgige Tag, morgen (:hell - Tag)
12.49	空兒	kòngr 116.3/10.6	S	freie Zeit, Lücke
12.50	上午	shàngwǔ 1.2/24.2	S	Vormittag (: oben - Mittag)
12.51	事(情)	shì(qing) 6.7/61.8	S	Angelegenheit, Vorhaben, Beschäftigung, Zw: 件 (s.7.50)
12.52	下午	xiàwǔ 1.2/	S	Nachmittag (: unten - Mittag)
12.53	一塊兒	yíkuàir /32.10/	S/Adv	Zusammensein; zusammen
12.54	做	zuò 9.9	V	machen, anfertigen
12.55	練習	liànxi 120.9/124.5	S /V	Übung, Übungsaufgabe ; üben

ANMERKUNG

12.61 In einem Satz wie 我只有一本書, 沒有兩本 ist " 一 " eine Mengenangabe und wird betont ausgesprochen, um es mit einer anderen Mengenangabe (hier: 兩) zu kontrastieren. Sonst wird " 一 " stets unbetont ausgesprochen; im fließenden Gespräch kann es sogar wegfallen, wenn es nicht am Satzanfang oder unmittelbar hinter einer Pause steht. Beispiele: 我有(一)本書. 這是(一)本新書. 這(一)本書很好.

ÜBUNGSAUFGABEN

A. Übersetzung

12.71 Haben Sie Fragen? - Ja, ich habe eine Frage.

12.72 Die Studenten haben heute viele interessante Fragen.

12.73 Wer hat die heutige Zeitung?

12.74 Diese Zeitschriften und Illustrierte sind langweilig.

12.75 Hast du chinesische Freunde? - Nein, ich habe keine.

12.76 Hat sie einen chinesischen Freund? - Sie hat nicht nur
einen, sondern viele.

12.77 Meine Frau hat einen älteren und einen jüngeren Bruder,
ausserdem eine jüngere Schwester.

12.78 Der kleine dünne Chinese besitzt ein großes deutsches Auto.

B. Bilden Sie aus den Feldern der Satztafel drei Fragen und beant-
worten Sie sie; aus einem Feld darf jeweils ein Wort oder eine
Wortgruppe gewählt werden.
Beispiel: 你今天下午有沒有課？

有，我今天下午有兩節課。

你他她張高方毛	小姐太太先生	的	哥哥妹妹朋友同學老師先生太太	今天明天	上午下午	有沒有	很不	多少	空兒事情課練習

LEKTION 13   Der Fragesatz mit der Partikel 嗎

GRAMMATIK

13.01 Ein Fragesatz kann durch Anhängen der Partikel 嗎 ma an einen
Aussagesatz gebildet werden:

   這是書.   這是書嗎?

13.02 Bei dieser Frageform können, anders als bei der Frage in der Form
'P-NegP', Adverbien unbeschränkt verwendet werden (vgl. 3.02).

13.03 Der Fragesatz mit 嗎 kann zu erkennen geben, was für
eine Antwort der Fragende für wahrscheinlich hält:

   這是書嗎?   wahrscheinliche Antwort: 不是 "Nein".
   這不是書嗎? wahrscheinliche Antwort: 是. "Doch".

In solchen Fällen wird die Intonation am Satzende entsprechend
der Stärke des Zweifels angehoben.
Rhetorische Fragen werden daher häufig mit 嗎 gebildet.

MODELLSÄTZE

13.11 你 也 來 嗎?
      nǐ yě lái ma?

   我 也 來.
   wǒ yě lái.

13.12 這 本 書 不 是 你 的 嗎?
      zhèiběn shū bú shi nǐde ma?

   是 我 的, 這 本 書 是 我 的.
   shi wǒde, zhèiběn shū shi wǒde.

ÜBUNGSSÄTZE

13.21 這 輛 汽 車 是 你 的 嗎?
      zhèiliàng qìchē shi nǐde ma?

   不 是, 這 是 我 父 親 的 車.
   bú shi, zhè shi wǒ fùqinde chē.

13.22 你 不 知 道 這 件 事 情 嗎?
      nǐ bù zhīdào zhèijiàn shìqing ma?

   我 知 道.
   wǒ zhīdào.

13.23 他 是 不 是 你 的 朋 友?
      tā shi bú shi nǐde péngyou?

   不 是, 他 是 我 的 老 師.
   bú shi, tā shi wǒde lǎoshī.

13.24 這 就 是 你 的 家 嗎?
      zhè jiù shi nǐde jiā ma?

這是學生宿舍.
zhè shì xuésheng sùshè.

13.25 你上街嗎?
nǐ shàng jiē ma?

不,我不上街,我現在回家.
bù, wǒ bú shàng jiē, wǒ xiànzài huí jiā.

你今天不去圖書館嗎?
nǐ jīntian bú qù túshūguǎn ma?

去.
qù.

你甚麼時候去圖書館?
nǐ shénmo shíhou qù túshūguǎn?

我下午去.
wǒ xiàwǔ qù.

我跟你一塊兒去,好嗎?
wǒ gēn nǐ yíkuàir qù, hǎo ma?

很好.
hěn hǎo.

13.26 你沒有講義嗎?
nǐ méi yǒu jiǎngyì ma?

我有;你看,這不是我的講義嗎?
wǒ yǒu; nǐ kàn, zhè bú shì wǒde jiǎngyì ma?

VOKABELN

13.41	嗎	ma $\overline{30.10}$	Pa	Fragepartikel
13.42	輛	liàng $\overline{159.8}$	Zw	Zw für 車
13.43	父親	fùqin $\overline{88/147.9}$	S	Vater
13.44	知道	zhīdào $\overline{111.3/162.9}$	V	wissen, Bescheid wissen, erfahren
13.45	家	jiā	S	Haus, Zuhause, Familie
13.46	宿舍	sùshè $\overline{40.8/135.2}$	S	Wohnheim (: übernachten - Heim) Zw: 所 , 座 $\underline{zuò}_{53.7}$
13.47	上	shàng	V	gehen (auf, zu)
13.48	街	jiē $\overline{144.6}$	S	Straße (in der Stadt), Zw: 條 $\underline{tiáo}_{75.7}$
13.49	現在	xiànzài $\overline{96.7/32.3}$	S/Adv	Gegenwart; jetzt (: erscheinen - sich befinden)
13.50	回	huí $\overline{31.3}$	V	zurückkehren, heimkehren

13.51	去	qù 28.3	V	(hin-)gehen
13.52	圖書館	túshūguǎn 31.11//184.8	S	Bibliothek (: Zeichnung - Buch - Gasthaus), Zw: 所, 座
13.53	時候(兒)	shíhou(r) 72.6/9.8	S	Zeit
13.54	跟	gēn	Prp	mit, bei, zu (: folgen, Ferse)
13.55	講義	jiǎngyì 149.10/ 123.7	S	vervielfältigtes Unterrichtsmaterial, Zw: 張 für einzelne Blätter, 份 fèn/9.4 für eine Ausgabe (: erklären - Bedeutung)

ÜBUNGSAUFGABE

Übersetzung: (gegebenenfalls mit Antwort)

13.71 Gehst du jetzt zur Schule ?

13.72 Wann kommt er ?

13.73 Kennst du die Bedeutung dieses Wortes ?

13.74 Weißt du, wie man dieses Zeichen ausspricht?

13.75 Ihr Chinesisch ist sehr gut; sind Sie Chinese ?

13.76 Ist das euer Studentenheim? Es ist sehr schön.

13.77 Heute nachmittag gehe ich gemeinsam mit meinem Vater nach Hause.

LEKTION 14   Verbalkonstruktionen als verschiedene Satzteile

GRAMMATIK

14.01 Verben (mit oder ohne Objekt) können im Satz außer als Prädikate auch als Subjekte (14.11), Objekte (14.13) oder Attribute (14.12) auftreten.

14.02 Zwischen einem solchen Attribut und dem Beziehungswort ist das Hilfswort 的 immer erforderlich. Das Beziehungswort kann wegfallen, wenn es der Zusammenhang erlaubt.

MODELLSÄTZE

14.11 學 中 文 不 難.
xué zhōngwén bù nán.

14.12 學 中 文 的 (人) 很 多.
xué zhōngwén de(rén) hěn duō.

14.13 我 們 也 學 説 中 國 話, 也 學 寫 中 國 字.
wǒmen yě xué shuō zhōngguó huà, yě xué xiě zhōngguó zì.

ÜBUNGSSÄTZE

14.21 學 中 文 的 同 學 都 很 努 力.
xué zhōngwén de tóngxué dōu hěn nǔlì.

14.22 昨 天 來 的 那 個 新 同 學 是 哪 國 人?
zuótian lái de nèige xīn tóngxué shì něiguó rén?

他 是 英 國 人.
tā shì yīngguó rén.

他 是 學 甚 麼 的?
tā shì xué shénmo de?

他 是 學 德 國 文 學 的.
tā shì xué déguó wénxué de.

14.23 教 中 文 的 謝 先 生 也 教 英 文.
jiāo zhōngwén de xiè xiānsheng yě jiāo yīngwén.

14.24 老 師 是 教 書 的, 學 生 是 念 書 的.
lǎoshī shì jiāo-shū-de, xuésheng shì niàn-shū-de.

14.25 這 個 人 是 幹 甚 麼 的?
zhèige rén shì gàn shénmo de?

他 是 賣 報 的.
tā shì mài-bào-de.

14.26 教 室 是 幹 甚 麼 的 地 方?
jiàoshì shì gàn shénmo de dìfang?

教 室 是 上 課 的 地 方.
jiàoshì shì shàng kè de dìfang.

14.27 現在 咱們 休息 一 會兒.
　　　xiànzài zámen xiūxi yìhuǐr.

14.28 休息 的 時候兒 咱們 一塊兒 喝茶.
　　　xiūxi de shíhour zámen yíkuàir hē chá.

VOKABELN

14.41	中文	zhōngwén /67	S	chinesische Sprache, Chinesisch (das gesprochene und das geschriebene); 德文 Deutsch, 英文 Englisch
14.42	寫	xiě 40.12	V	schreiben
14.43	努力	nǔlì 19.5/19	V/Adj	sich anstrengen; angestrengt, fleißig (: anstrengen - Kraft)
14.44	昨天	zuótian 72.5/	S	der gestrige Tag, gestern
14.45	英國	yīngguó 140.5/	E	England
14.46	文學	wénxué	S	Literatur
14.47	教	jiāo 66.7	V	lehren, unterrichten, beibringen
14.48	謝	xiè	E	Familienname
14.49	幹	gàn 51.10	V	tun, machen(ohne Objekt oder nur mit allgemeinen Objekten wie 甚麼 , 這個 , 那個 , und in einigen feststehenden Redewendungen)
14.50	教室	jiàoshì /40.6	S	Unterrichtsraum (: unterrichten-Zimmer); Zw: 間 jiān/169.4
14.51	上課	shàng kè		Unterricht halten, am Unterricht teilnehmen, mit dem Unterricht beginnen; (: auf - Unterricht)
14.52	休息	xiūxi 9.4/61.6	V/S	sich ausruhen, Pause machen; Pause (: sich ausruhen - atmen)
14.53	一會兒	yìhuǐr	S	ein Moment, ein Augenblick, eine kurze Weile (: eins - Treffen)
14.54	喝	hē 30.9	V	trinken
14.55	茶	chá 140.6	S	Tee

ANMERKUNGEN

14.61 Berufe werden oft durch eine attributiv verwendete Verb-Objekt-
Konstruktion umschrieben, z.B. 賣東西的 (Verkäufer), 賣報的
(Zeitungsverkäufer), 教書的 (Lehrer), etc. Dies sind zwar
keine offiziellen Berufsbezeichnungen, sie sind aber in der
Umgangssprache allgemein gebräuchlich.
Mit 幹甚麼的 kann man nach dem Beruf eines Dritten fragen.

14.62 Attributiv gebrauchte Verbalkonstruktionen mit dem Beziehungswort 時候 entsprechen dtsch. 'während' oder einem mit 'wenn';
'als' eingeleiteten Temporalsatz (14.28).

ÜBUNGSAUFGABEN

A. Übersetzung:

14.71 Deutsch zu lernen ist nicht leicht.

14.72 Es ist interessant, Chinesisch zu üben.

14.73 Dieser Engländer ist Auto-Verkäufer.

14.74 Der Mann, der mit Frau Xiè spricht, ist der Vater meines
Freundes.

B. Beantwortung:

14.75 毛筆是幹甚麼的東西？

14.76 學校是幹甚麼的地方？

14.77 中文老師是幹甚麼的？

LEKTION 15   Subjekt-Prädikat-Konstruktionen als Satzteile

GRAMMATIK

15.01 Subjekt-Prädikat-Konstruktionen können im Satz als Subjekte
      (15.11), Prädikate (15.14), Objekte (15.13) oder Attribute
      (15.12) verwendet werden.

15.02 Beim attributiven Gebrauch ist das Hilfswort 的 stets erfor-
      derlich und das Beziehungswort unter Umständen entbehrlich
      (vgl. 14.02).

MODELLSÄTZE

15.11 你 來 也 好, 你 不 來 也 好.
      nǐ lái yě hǎo, nǐ bù lái yě hǎo.

15.12 中 文 好 的 (人) 不 多.
      zhōngwén hǎo de (rén) bù duō.

15.13 你 知 道 誰 中 文 好 嗎?
      nǐ zhīdào shéi zhōngwén hǎo ma?

15.14 他 中 文 很 好.
      tā zhōngwén hěn hǎo.

ÜBUNGSSÄTZE

15.21 我 希 望 他 明 天 來.
      wǒ xīwàng tā míngtian lái.

15.22 明 天 他 來 的 時 候 你 告 訴 我.
      míngtian tā lái de shíhou nǐ gàosu wǒ.

15.23 你 看 的 那 本 是 甚 麼 書?
      nǐ kàn de nèiběn shì shénmo shū?
      就 是 我 昨 天 買 的 那 一 本.
      jiù shi wǒ zuótian mǎi de nèi yìběn.

15.24 你 懂 不 懂 她 說 的 話?
      nǐ dǒng bù dǒng tā shuō de huà?
      我 不 懂. 她 說 的 是 哪 國 話? 你 懂 嗎?
      wǒ bù dǒng. tā shuō de shì něiguó huà? nǐ dǒng ma?
      她 說 的 是 日 本 話, 我 只 懂 一 點 兒.
      tā shuō de shì rìběn huà, wǒ zhǐ dǒng yìdiǎnr.

15.25 我 母 親 年 紀 大, 身 體 不 好, 常 常 生 病.
      wǒ mǔqin niánji dà, shēntǐ bù hǎo, chángcháng shēng bìng.

15.26 我 不 頭 疼, 我 牙 疼.
      wǒ bù tóu téng, wǒ yá téng.

15.27 你 不 努 力 是 不 對 的.
      nǐ bù nǔli shì bú duì de.

15.28 衣 服 (是) 新 的 好, 朋 友 (是) 舊 的 好.
      yīfu (shì) xīnde hǎo, péngyou (shì) jiùde hǎo.

VOKABELN

15.41	希望	xīwàng 50.4/74.7	V/S	hoffen, erwarten, wünschen; Hoffnung, Erwartung, Wunsch (: hoffen - ausschauen)
15.42	告訴	gàosu 30.4/149.5	V	mitteilen, (Bescheid)sagen
15.43	懂	dǒng 61.13	V	verstehen
15.44	日本(國)	rìběn(guó) 72/	E	Japan (: Sonne - Ursprung); 日本人 Japaner; 日本話, 日(本)文 japanische Sprache, Japanisch
15.45	一點兒	yìdiǎnr /203.5/	S	ein bißchen, ein wenig (: eins - Pünktchen)
15.46	母親	mǔqin 80.1/	S	Mutter
15.47	年紀	niánjì /120.3	S	Alter (:Jahr - Jahr)
15.48	身體	shēntǐ 158/188.13	S	Leib, Körper (: Leib - Rumpf)
15.49	常(常)	cháng(cháng) 50.8	Adv	oft, häufig
15.50	生	shēng	V	gebären, geboren werden; produzieren; 生病 krank werden, erkrankt sein
15.51	病	bìng 104.5	S/V/Adj	Krankheit; krank werden; krank
15.52	頭	tóu 181.7	S	Kopf
15.53	疼	téng 104.5	V/Adj	wehtun, Schmerz haben; schmerzhaft
15.54	牙	yá 92	S	Zahn; Zw:顆 kē 181.8

ÜBUNGSAUFGABE

Bilden Sie aus den zwei vorgegebenen Sätzen einen neuen.

Beispiel: 你看書.   這是甚麼書?

          你看的是甚麼書?

15.71   她說話.   那是哪國話?

15.72   我們喝茶.   這不是英國茶.

15.73   母親生病.   那是甚麼病?

15.74 我們做練習. 練習很有意思.

15.75 老師寫字. 那是些甚麼字?

Beispiel: 他是誰? 你知道嗎?
  你知道他是誰嗎?

15.76 他是幹甚麼的? 你知道不知道?

15.77 老師明天來不來? 我不知道.

15.78 這句話是甚麼意思? 你不懂嗎?

15.79 這個字念甚麼? 學生都不知道.

15.80 你喜歡他嗎? 你告訴我.

Beispiel: 我們休息. 我們喝茶.
  我們休息的時候喝茶.

15.81 我們上課. 我們不喝茶.

15.82 你休息. 你幹甚麼?

15.83 他來. 我頭疼.

15.84 他們做練習. 我寫字.

15.85 你回宿舍. 他去圖書館.

LEKTION 16   Die Verben 叫 und 姓

GRAMMATIK

16.01 Die Verben 叫 <u>jiào</u> und 姓 <u>xìng</u> erfordern in der Bedeutung
'heißen' ein Prädikatsnomen, sie haben also eine kopulaähnli-
che Funktion.

16.02 Als Prädikatsnomen nach 姓 steht der Familienname, nach 叫
der persönliche Name ('Vorname') oder 'Gesamtname' einer Person (nicht der Familienname allein) oder die Bezeichnung einer
Sache.

16.03 姓 kann auch substantivisch gebraucht werden ('Familienname')
Persönlicher Name oder 'Gesamtname' heißt 名字 míngzi. 'Gesamtname' auch 姓名 xìngmíng.

16.04 叫 wird auch in der Bedeutung 'nennen' gebraucht, wobei das
Hilfsverb 管 <u>guǎn</u> verwendet werden kann, um das zu benennende
Objekt vor 叫 zu stellen.

MODELLSÄTZE

16.11 他 姓 甚麼 ? 叫 甚麼 ?
tā xìng shénmo ? jiào shénmo ?
他 姓 張, 叫 大中.
tā xìng zhāng, jiào dàzhōng.

16.12 你 叫 甚麼 名字 ?
nǐ jiào shénmo míngzi ?
我 叫 高明.
wǒ jiào gāo míng.

16.13 同學們 都 管 高明 叫 老高.
tóngxuémen dōu guǎn gāo míng jiào lǎo-gāo.

16.14 這 是 甚麼 東西? 這個 東西 叫 甚麼 ?
zhè shì shénmo dōngxi? zhèige dōngxi jiào shénmo?
這 是 機器, 這 叫 錄音機.
zhè shì jīqì, zhè jiào lùyīnjī.

ÜBUNGSSÄTZE

16.21 你 知道 那個 人 的 姓名 嗎 ?
nǐ zhīdào nèige rénde xìngmíng ma ?
我 不 知道 他 的 名字, 只 知道 他 姓劉.
wǒ bù zhīdào tāde míngzi, zhǐ zhīdào tā xìng liú.
大家 都 管 他 叫 小劉兒.
dàjiā dōu guǎn ta jiào xiǎo-liúr.

16.22 這 條 街 叫 甚麼 街 ?
zhèitiáo jiē jiào shénmo jiē ?
這 條 街 叫 南京路.
zhèitiáo jiē jiào nánjīng lù.

16.23 我們管父親的哥哥叫伯父，管父親的弟弟
wǒmen guǎn fùqinde gēge jiào bófù, guǎn fùqinde dìdi
叫叔父，管母親的兄弟都叫舅父．
jiào shūfù, guǎn mǔqinde xiōngdì dōu jiào jiùfù.

16.24 中國話管 'Uhr' 叫甚麼？
zhōngguó huà guǎn 'Uhr' jiào shénmo ?
大的叫鐘，小的叫表．
dàde jiào zhōng, xiǎode jiào biǎo.

VOKABELN

16.41	叫	jiào 30.2	V	heißen, nennen, rufen, schreien
16.42	姓	xìng 38.5	S/V	Familienname; heißen (nur Familienname)
16.43	名字	míngzi 30.3/	S	Name (Vorname oder Gesamtname); Bezeichnung einer Sache
16.44	管	guǎn 118.8	V	verwalten, in Obhut nehmen, sich kümmern um
16.45	姓名	xìngmíng	S	Name (Gesamtname: Familien- und Vorname zusammen)
16.46	老	lǎo	Adj	alt; in der Anrede unter guten Bekannten wird 老 häufig dem Familiennamen vorangestellt
16.47	劉	liú 18.13	E	(Familienname)
16.48	大家	dàjiā	PPr	alle
16.49	南京	nánjīng 24.7/8.6	E	Nanking (: süd - Hauptstadt)
16.50	路	lù 157.6	S	Weg, Straße; Zw: 條
16.51	伯父	bófù 9.5/	S	Onkel (älterer Bruder des Vaters), auch 伯伯 bóbo
16.52	叔父	shūfù 29.6/	S	Onkel (jüngerer Bruder des Vaters), auch 叔叔 shūshu
16.53	兄弟	xiōngdì 10.3/	S	Brüder
16.54	舅父	jiùfù 134.7/	S	Onkel (Bruder der Mutter), auch 舅舅 jiùjiu
16.55	鐘	zhōng 167.12	S	Uhr(vgl. engl. 'clock'); Zw: 座
16.56	表，錶	biǎo 145.3 167.8	S	Uhr (Taschen-, Armbanduhr; vgl. engl. 'watch'), Zw: 隻 zhī 172.2

ANMERKUNG

16.61 Der chinesische persönliche Name (姓名 , inoffiziell auch
名字) besteht aus zwei Teilen:
姓 entspricht dem deutschen Familiennamen und steht an der
ersten Stelle des Gesamtnamens. Die chinesischen Familiennamen
sind meist einsilbig; zweisilbige Familiennamen gibt es nur
wenige, die dazu noch sehr selten sind.
名字 entspricht dem deutschen Vornamen, steht jedoch hinter
dem Familiennamen. Der Vorname hat höchstens zwei Silben.

ÜBUNGSAUFGABE

Beantworten Sie die folgenden Fragen:

16.71　你姓甚麼？

16.72　你叫甚麼名字？

16.73　你有沒有中文姓名？

16.74　你知道你的中文老師姓甚麼嗎？

16.75　中國人管寫字的東西叫甚麼？

16.76　中國話管教書的人叫甚麼？

16.77　中國管一塊兒念書的人叫甚麼？

16.78　中文管哥哥跟弟弟又叫甚麼？

LEKTION 17 Die allgemeinen Ortssubstantive

GRAMMATIK

17.01 Ortssubstantive werden im allgemeinen wie gewöhnliche Substantive verwendet.

17.02 這兒 zhèr, 那兒 nàr und 哪兒 nǎr ('hier; dort; wo', auch 這裏 zhèli, 那裏 nàli und 哪裏 nǎli, die im mündlichen Gebrauch weniger häufig sind) sind allgemeine Ortssubstantive. Sie können nur von Nomina attributiv erweitert werden; das Hilfswort 的 findet keine Anwendung.

17.03 Wörter, die keinen Ort, sondern eine Person oder einen Gegenstand darstellen, müssen ein angehängtes, unbetontes 這兒 oder 那兒 haben, um als Ortsbezeichnung auftreten zu können; die Konstruktion bezeichnet dann die Umgebung der Person oder des Gegenstandes (deutsch etwa: 'bei...', 'von...', 'zu...', 'an...', 'in der Nähe von...').

17.04 Oft haben Ortssubstantive als Subjekt das Prädikat 有 (deutsch dann etwa "Hier (da; dort; wo; etc.) gibt es..."). Das Objekt von 有 ist normalerweise ein unbestimmtes Nomen, d.h. ein Nomen, das nicht durch Demonstrativ-Pronomen bestimmt ist und in der gegebenen Sprechsituation auch nicht durch Demonstrativ-Pronomen bestimmt werden könnte.

17.05 Das Verb 在 zài bedeutet 'sich befinden', 'existieren', z.B. "他還在 "- "Er ist noch da" oder "Er lebt noch".

17.06 Wenn das Nomen unbestimmt sein soll, sind folgende Formulierungen möglich:

a) (在)這兒有(一個)人.

b) 有(一個)人在這兒.

17.07 Es sind also folgende Konstruktionen möglich:

a) bestimmtes Nomen + 在 + Ort

b) Ort + 有 + unbestimmtes Nomen

c) Ort + 是 + best./unbest. Nomen

Bei c) wird vorausgesetzt, daß das Nomen dem Angesprochenen bekannt ist.

MODELLSÄTZE

17.11 這兒是一個學校; 這兒有很多學生
zhèr shì yíge xuéxiào; zhèr yǒu hěn duō xuésheng.

17.12 老師在哪裏? 他在不在教室?
lǎoshī zài nǎli? tā zài bú zài jiàoshì?

他不在教室. 教室那兒沒人.
tā bú zài jiàoshì. jiàoshì nar méi rén.

17.13 我的毛筆在不在你那兒?
wǒde. máobǐ zài bú zài nǐ nar?

不在, 我這兒只有鉛筆.
bú zài, wǒ zher zhǐ yǒu qiānbǐ.

ÜBUNGSSÄTZE

17.21 老張在不在你這兒？
lǎo-zhāng zài bú zài nǐ zher?

不在我這兒，他在圖書館.
bú zài wǒ zher, tā zài túshūguǎn.

真的嗎？我剛才也在圖書館，那兒沒有
zhēnde ma? wǒ gāngcái yě zài túshūguǎn, nàr méi yǒu

別的人.
biéde rén.

他剛去，現在一定在那兒.
tā gāng qù, xiànzài yídìng zài nàr.

17.22 A 這兒有人嗎？ 有人在這兒嗎？
zhèr yǒu rén ma? yǒu rén zài zhèr ma?

B 你有甚麼事？
nǐ yǒu shénmo shì?

A 對不起，我找一個人.
duìbuqǐ, wǒ zhǎo yíge rén.

B 你找誰？
nǐ zhǎo shéi?

A 你們這兒有沒有一位姓劉的， 劉又新
nǐmen zhèr yǒu méi you yíwèi xìng liú de, liú yòuxīn

先生？
xiānsheng?

B 有， 請你等一會兒，我去叫他.
yǒu, qǐng nǐ děng yìhuǐr, wǒ qù jiào ta.

A 謝謝你.
xièxie nǐ.

B 小劉兒， 小劉兒！
xiǎo-liúr, xiǎo-liúr!

C 幹甚麼？
gàn shénmo?

B 有人找你.
yǒu rén zhǎo ni.

C 甚麼人？
shénmo rén?

B 一位小姐.
yíwèi xiǎojie.

C 在哪兒？
zài nǎr?

B 在宿舍門口那兒.
  zài sùshè ménkǒu nar.

C 謝謝，謝謝！
  xièxie, xièxie!

VOKABELN

17.41	這兒, 這裏	zhèr, zhèli /145.7	S	hier
17.42	那兒, 那裏	nàr, nàli	S	dort
17.43	哪兒, 哪裏	nǎr, nǎli	S	wo
17.44	在	zài	V	sich befinden, existieren, sein in, bei
17.45	真	zhēn 109.5	Adj	wahr, wirklich, echt
17.46	剛才	gāngcái 18.8/64.0	S	soeben, eben, gerade
17.47	別	bié 18.5	Adj	andere, übrige, restliche
17.48	剛	gāng	Adv	gerade, genau, just
17.49	一定	yídìng /40.5	Adj/Adv	bestimmt, gewiß, unbedingt
17.50	對不起	duìbuqǐ //156.3		Entschuldigung! (: jemandem nicht gerecht werden)
17.51	請	qǐng 149.8	V	bitten; einladen
17.52	等	děng	V	warten, warten auf
17.53	門口 (兒)	ménkǒu(r) /30	S	Tür, Tor, Eingang

ÜBUNGSAUFGABE

Übersetzung:

17.71 Wo steht dein Auto ?
Mein Auto steht am Eingang der Schule.

17.72 Ist jemand im Wohnheim ?
Eben waren noch ein paar Leute da.

17.73 Habt ihr hier chinesische Zeitungen?
Ja, unsere Zeitungen sind in der Bibliothek.

17.74 Entschuldigung! Hast du mein Buch ?
Ich habe hier keine Bücher, sondern nur einige Zeitschriften.

<u>LEKTION 18</u>   Die einfachen und die zusammengesetzten Ortssubstantive

<u>GRAMMATIK</u>

18.01 裏 <u>lǐ</u> 'innen', 外 <u>wài</u> 'außen', 上 <u>shàng</u> 'oben', 下 <u>xià</u>
'unten', 前 <u>qián</u> 'vorn', 後 <u>hòu</u> 'hinten', 左 <u>zuǒ</u> 'links',
右 <u>yòu</u> 'rechts' und einige andere sind einfache Ortssubstantive, die ein räumliches oder zeitliches Verhältnis zum Ausdruck bringen.

18.02 Sie werden nicht allein verwendet, können aber vor oder hinter
einem weiteren Substantiv stehen und auf diese Weise ein zusam-
mengesetztes Ortssubstantiv bilden; das Hilfswort 的 wird nicht
verwendet; es handelt sich dabei um eine begrenzte Anzahl fest-
stehender Wendungen, z.B. 外國 'Ausland', 校外 'außerhalb der
Schule'.

18.03 Mit dem Suffix 頭 <u>tou</u>, 邊(兒) <u>bian(r)</u> oder, weniger häufig, 面(兒)
<u>mian(r)</u> bilden die einfachen Ortssubstantive (Ausnahme s.18.51)
zusammengesetzte Ortssubstantive, die ihrerseits durch nominale
Attribute, mit oder ohne 的 , modifiziert werden können. Mit
dieser Konstruktion wird ein Ortsverhältnis betreffend das
formal als Attribut verwendete Nomen zum Ausdruck gebracht;
grundsätzlich sind hier alle Nomina verwendbar, mit denen sich
ein Sinn ergibt, z.B.

     我 (的)前邊兒 meine Vorderseite - vor mir

     桌子 (的)上頭 des Tisches Oberseite - auf, über dem Tisch

18.04 Aus 這 , 那 sowie 哪 und 邊 (兒) sowie 面 (兒) lassen
sich auch zusammengesetzte Ortssubstantive bilden, z.B. 這邊
兒 'diese Seite, diesseits'; 那邊兒 'jene Seite, jenseits'.

<u>MODELLSÄTZE</u>

18.11 裏邊兒有人嗎? 誰在裏邊兒?
     lǐbianr yǒu rén ma ? shéi zài lǐbianr ?

18.12 桌子上頭有兩本書.
     zhuōzi shàngtou yǒu liǎngběn shū.

18.13 上邊兒的那本是我的, 下邊兒的不是.
     shàngbianrde nèiběn shì wǒde, xiàbianrde bú shì.

18.14 我前頭是桌子, 後頭是黑板.
     wǒ qiántou shì zhuōzi, hòutou shì hēibǎn.

<u>ÜBUNGSSÄTZE</u>

18.21 黑板上頭的那幾個字是不是你寫的?
     hēibǎn shàngtoude nèi jǐge zì shì bú shi nǐ xiě de ?

18.22 黑板的上頭有一個鐘.
     hēibǎnde shàngtou yǒu yíge zhōng.

18.23 圖書館在宿舍的前頭.
     túshūguǎn zài sùshède qiántou.

18.24 我們的教室在圖書館的下邊兒.
wǒmende jiàoshǐ zài túshūguǎnde xiàbianr.

18.25 中國學校的宿舍常常在學校裏頭,
zhōngguó xuéxiàode sùshè chángcháng zài xuéxiào lǐtou,

德國的都在校外.
déguóde dōu zài xiàowài.

18.26 你知道你右邊兒那位同學的姓名嗎?
nǐ zhīdào nǐ yòubianr nèiwèi tóngxuéde xìngming ma?

18.27 學校外邊兒有兩家書店.
xuéxiào wàibianr yǒu liǎngjiā shūdiàn.

18.28 街的兩邊兒一邊兒有一家書店. 這邊兒的
jiēde liǎngbianr yìbianr yǒu yìjiā shūdiàn. zhèibianrde

這家只賣新書, 那邊兒的那家也賣新書,
zhèijia zhǐ mài xīn shū, nèibianrde nèijiā yě mài xīn shū,

也賣舊書.
yě mài jiù shū.

18.29 她只說中國話, 不懂外國話.
tā zhǐ shuō zhōngguó huà, bù dǒng wàiguó huà.

18.30 這些句子是我們的課外練習.
zhèixie jùzi shì wǒmende kèwài liànxí.

18.31 張太太旁邊的那位小姐是誰?
zhāng tàitai pángbiānde nèiwèi xiǎojie shì shéi?

哪邊兒?
něibianr?

左邊兒.
zuǒbianr.

那是她的妹妹.
nà shì tāde mèimei.

VOKABELN

18.41	裏	lǐ	S	innen, drinnen, in
18.42	外	wài 36.2	S	außen, draußen, außerhalb
18.43	上	shàng	S	oben, auf, über
18.44	下	xià	S	unter, unten
18.45	前	qián 18.7	S	vorn, vor

18.46	後	$\underline{\text{hòu}}$ 60.6	S	hinter, hinten, nach
18.47	左	$\underline{\text{zuǒ}}$ 48.2	S	links
18.48	右	$\underline{\text{yòu}}$ 30.2	S	rechts
18.49	邊(兒)	$\underline{\text{biān(r)}}$ 162.15	S	Rand, Kante, Grenze, Seite
18.50	邊(兒)	$\underline{\text{bian(r)}}$	Sx	Suffix für Ortssubstantive
18.51	頭	$\underline{\text{tou}}$	Sx	Suffix für Substantive (es gibt kein 左頭, 右頭)
18.52	面(兒)	$\underline{\text{mian(r)}}$ 176	Sx	Suffix für Ortssubstantive (: $\underline{\text{miàn}}$ Gesicht, Oberfläche)
18.53	旁	$\underline{\text{páng}}$ 70.6	S/Adj	Seite, seitlich, neben; andere; 旁邊(兒) $\underline{\text{pángbian(r)}}$ an der Seite
18.54	外國	$\underline{\text{wàiguó}}$	S	Ausland; 外國話, 外文 Fremdsprache; 外國人 Ausländer

ANMERKUNGEN

18.61 'Auf' und 'über' werden beide durch 上頭, 上邊 oder 上面 ausgedrückt. Wenn zwischen beiden unterschieden werden soll, wird
das 上 für 'über' in 上頭, 上邊 bzw. 上面 besonders betont
ausgesprochen, für 'auf' wird ein einfaches 上 im neutralen
Ton benutzt (s.19.01).

18.62 Komplexe Attribute sollen vor der demonstrativen Bestimmung
des Beziehungswortes stehen, da sonst u.U. Mißverständnisse
möglich sind, wie in 18.21/26/28/31.

ÜBUNGSAUFGABE

Übersetzung:

18.71 Draußen ist jemand.

18.72 Es ist keiner im Unterrichtsraum.

18.73 In unserem Unterrichtsstoff kommt dieses Zeichen nicht vor.

18.74 Unsere Bibliothek befindet sich außerhalb der Schule.

18.75 Dein Heft liegt unter dem Stuhl.

18.76 Die obere Zeitung ist von heute, die untere von gestern.

18.77 Hinter dem Wohnheim gibt es einen kleinen Weg.

18.78 Auf der linken Straßenseite ist eine neue Buchhandlung.

18.79 Wer ist der Mann, der vor dem Auto steht ?

<u>LEKTION 19</u> Besonderheiten bei 裏 und 上

<u>GRAMMATIK</u>

19.01 Die einfachen Ortssubstantive 裏 und 上 im neutralen Ton, <u>-li</u>
und <u>-shang</u>, verbinden sich mit beliebigen Substantiven (nicht
mit Pronomen), gleichen im Anwendungsbereich also 裏頭,裏邊兒,
上頭, 上邊兒(vgl. 18.03). z.B. 車裏 'im Wagen'; 桌上 auf dem
Tisch'.

19.02 Die Ortssubstantive 裏, 裏頭 und 裏邊兒 sind
   a) nicht verwendbar nach Ortsnamen (19.12);
   b) nicht erforderlich nach Wörtern, die aus zwei oder mehr im
      vollen Ton ausgesprochenen Silben bestehen, sofern es sinn-
      gemäß möglich ist (19.13);
   c) notwendig nach einsilbigen oder zweisilbigen Wörtern, deren
      zweite Silbe im neutralen Ton gesprochen wird (19.14); Aus-
      nahme: 家 als Objekt (19.15).

<u>MODELLSÄTZE</u>

19.11 桌(子)上 有 一 本 書
      zhuō(zi)shang yǒu yìběn shū.

19.12 他 在 中 國.
      tā zài zhōngguó.

19.13 老 師 在 學 校(裏).
      lǎoshī zài xuéxiào(li).

19.14 屋(子)裏 沒 有 人.
      wū(zi)li méi you rén.

19.15 他 不 在 家.
      tā bú zài jiā.

<u>ÜBUNGSSÄTZE</u>

19.21 他 不 在 屋 裏, 也 不 在 教 室, 他 在 圖 書 館.
      tā bú zài wūli, yě bú zài jiàoshì, tā zài túshūguǎn.

19.22 老 高 的 家 在 不 在 漢 堡 ?
      lǎo-gāode jiā zài bú zài hànbǎo ?
      不 在, 他 家 在 柏 林.
      bú zài, tā jiā zài bólín.

19.23 我 家 在 城 外, 學 校 在 城 裏, 沒 有 課 的
      wǒ jiā zài chéngwài, xuéxiào zài chénglǐ, méi you kè de
      時 候 我 不 常 進 城.
      shíhou wǒ bù cháng jìn chéng.

19.24 我 進 城 的 時 候 家 裏 就 沒 有 人.
      wǒ jìn chéng de shíhou jiāli jiù méi you rén.

19.25 街 上 人 多 車 多, 我 不 喜 歡 上 街.
      jiēshang rén duō chē duō, wǒ bù xǐhuan shàngjiē.

19.26 這座樓有兩層，樓下有三間屋子，樓上
zhèizuò lóu yǒu liǎngcéng, lóuxià yǒu sānjiān wūzi, lóushàng
四間.
sìjiān.

19.27 這所房子前後都有花園，前頭的小，後
zhèisuǒ fángzi qián-hòu dōu yǒu huāyuán, qiántoude xiǎo, hòu-
頭的大. 後花園裏有很多大樹，前頭的
toude dà. hòuhuāyuánli yǒu hěn duō dà shù, qiántoude
只有兩棵小樹.
zhǐ yǒu liǎngke xiǎo shù.

19.28 前面的墙上左邊兒是窗户，右邊兒是
qiánmiande qiángshang zuǒbianr shì chuānghu, yòubianr shì
黑板. 黑板跟窗户的中間兒是一個鐘，
hēibǎn. hēibǎn gēn chuānghude zhōngjiànr shì yíge zhōng,
鐘底下有一張地圖.
zhōng dǐxia yǒu yìzhāng dìtú.

19.29 今天報上有甚麼新聞？
jīntian bàoshang yǒu shénmo xīnwén ?

VOKABELN

19.41	屋子	wūzi 44.6/	S	Zimmer, Zw: 間 (s.14.50)
19.42	漢堡	hànbǎo 85.11/32.9	E	Hamburg (: Han (Eigenname) - Festung)
19.43	柏林	bólín 75.5/75.4	E	Berlin (: Zypresse - Wald)
19.44	城	chéng 32.7	S	Stadt; Stadtmauer; Zw: 座 (s.13.46) 城裏-lǐ Innenstadt, 城外 Vorstadt
19.45	進	jìn 162.8	V	eintreten, fortschreiten
19.46	樓	lóu 75.11	S	mehrstöckiges Gebäude, Zw:座; 樓上 lóushàng Obergeschoß, 樓下 lóuxià Untergeschoß; 大樓, 高樓 Hochhaus
19.47	層	céng 44.12	S/Zw	Stockwerk; Schicht, Lage; Zw für 樓 als Stockwerk
19.48	房子	fángzi 63.4	S	Haus, Gebäude; Zw: 所, 座
19.49	花園	huāyuán 140.4/31.10	S	Garten (: Blumen - Garten), Zw:所, 座; 後花園 Hintergarten
19.50	棵	kē 75.8	Zw	Zw für Pflanzen wie 樹
19.51	墙	qiáng 32.13	S	Wand, Zw: 面 (s.18.52); Mauer, Zw: 堵 dǔ 32.9

19.52	中 間， 中 間 兒	zhōngjiān, zhōngjiànr	S	Mitte, mitten, zwischen (: Mitte - Raum)
19.53	底 下	dǐxia 53.57	S	unter, unten = 下邊兒 (: Boden - unter)
19.54	地 圖	dìtú	S	Landkarte, Zw: 張 ; Atlas, Zw: 本
19.55	新 聞	xīnwén /128.8	S	Neuigkeit, Nachricht (: neu - hören) Zw: 件 , 條

ÜBUNGSAUFGABE

Übersetzung:

19.71 Es gibt insgesamt zwanzig Zimmer in diesem Gebäude.

19.72 Der Hörsaal, in dem wir Chinesischunterricht haben, befindet sich in einem 14-stöckigen Hochhaus.

19.73 Unsere Schule liegt in der Innenstadt Hamburgs.

19.74 Meine Eltern sind nicht zu Hause. Sie befinden sich zur Zeit in Berlin.

19.75 Links vom Fenster steht ein Tisch; darauf liegen zwei Hefte. Zwischen den Heften liegt ein Zettel und darauf steht der Satz, den du haben willst.

19.76 Dieser Ort ist sehr klein. Er steht nicht auf der Karte.

19.77 Mir gefällt der Baum, der vor der rechten Mauer des Gartens steht.

LEKTION 20 Der Verbalsatz mit mehreren Prädikaten

GRAMMATIK

20.01 Im Satz mit Verbalprädikat kann ein Subjekt mehrere Prädikate haben. Wenn diese bloß aufzählend und also gleichberechtigt nebeneinander stehen, ist ihre Reihenfolge grundsätzlich austauschbar (20.11), es sei denn, es wird auch eine zeitliche Abfolge der Handlungen zum Ausdruck gebracht (20.12).

20.02 Nicht austauschbar sind die Prädikate auch, wenn zwischen ihnen eine finale (deutsch meist 'zu' oder 'um zu') (20.13,14) oder modale (deutsch oft 'indem') (20.15) Beziehung besteht.

20.03 Beide Prädikate können Objekte haben: $S-P_1(-O_1)-P_2(-O_2)$.

20.04 Einige Verben (z.B. 在 zài, 到 dào, 從 cóng, 跟 gēn, 給 gěi, 為 wèi, 替 tì) werden in solchen Konstruktionen häufig als erstes Prädikat verwendet; im Deutschen werden sie meist als Präposition wiedergegeben.

MODELLSÄTZE

20.11 學生們都説中國話，看中文書.
xuéshengmen dōu shuō zhōngguó huà, kàn zhōngwén shū.

20.12 我等一會兒來.
wǒ děng yihuǐr lái.

20.13 他到學校去上課.
tā dào xuéxiào qu shàngkè.

20.14 這兒有書看，也有茶喝.
zhèr yǒu shū kàn, yě yǒu chá hē.

20.15 我走路回家.
wǒ zǒu lù huí jiā.

20.16 你們在哪兒上課？
nǐmen zài nǎr shàng kè ?

ÜBUNGSSÄTZE

20.21 張先生在嗎？我有事找他.
zhāng xiānsheng zài ma ? wǒ yǒu shì zhǎo ta.

請您在這兒坐一會兒. 他馬上就來.
qǐng nín zài zhèr zuò yihuǐr. tā mǎshàng jiù lái.

20.22 老高跟小毛很好，是不是？
lǎo-gāo gēn xiǎo-máo hěn hǎo, shi bú shi ?

對，他們很要好；他們是好朋友. 他們
duì, tāmen hěn yàohǎo; tāmen shi hǎo péngyou. tāmen

明天一塊兒到柏林去.
míngtian yikuàir dào bólín qu.

他們怎麼去？坐火車去嗎？
tāmen zěnmo qù ? zuò huǒchē qù ma ?

不, 他們 開車 去, 老高 不 是 有 一 輛
bù, tāmen kāi chē qù, lǎo-gāo bú shi yǒu yíliàng

汽車 嗎?
qìchē ma?

20.23 從 漢堡 坐 飛機 到 北京 去 要 幾天?
cóng hànbǎo zuò fēijī dào běijīng qu yào jǐtiān?

兩天. 今天 走, 明天 到.
liǎngtiān. jīntian zǒu, míngtian dào.

20.24 這兒 有 沒 有 中文 報 賣?
zhèr yǒu méi you zhōngwén bào mài?

我 不 知道. 我們 的 圖書館 裏 有 中文 報 看.
wǒ bù zhīdào. wǒmende túshūguǎnli yǒu zhōngwén bào kàn.

20.25 你 用 哪 隻 手 寫字?
nǐ yòng něizhī shǒu xiě zì?

我 用 右手.
wǒ yòng yòushǒu.

20.26 謝 先生 生病, 劉 先生 今天 替 他 給
xiè xiānsheng shēng bìng, liú xiānsheng jīntian tì ta gěi

我們 上課.
wǒmen shàng kè.

20.27 謝太太 為 她 先生 的 病 很 着急.
xiè tàitai wèi tā xiānshengde bìng hěn zhāojí.

20.28 昨天 你 為 甚麼 不 來 上課?
zuótian nǐ wèishénmo bù lái shàng kè?

對不起, 昨天 我 頭疼.
duìbuqǐ, zuótian wǒ tóu téng.

VOKABELN

20.41	到	dào 18.6	V	ankommen, erreichen: nach, zu
20.42	坐	zuò 32.4	V	sitzen, sich setzen; fahren mit, reisen mit
20.43	馬上	mǎshàng 187/	Adv	sofort, auf der Stelle, im Augen- blick (: Pferd - auf)
20.44	要好	yàohǎo	Adj	auch 好 : befreundet sein
20.45	怎麼(樣)	zěnmo(yàng) 61.5//75.11	Adv	auf welche Weise? wie?
20.46	開	kāi 169.4	V	öffnen, aufmachen; anschalten, z.B. 開 (機器), fahren, z.B. 開(車)
20.47	從	cóng 60.8	V	folgen; von

20.48	北京	běijīng 21.3/	E	Peking (: Nord - Hauptstadt)
20.49	用	yòng 101	V	gebrauchen, benutzen
20.50	手	shǒu 64	S	Hand, Zw: 隻 zhī für die einzelne, 雙 shuāng/172.10 für das Paar
20.51	替	tì 73.8	V	ersetzen, vertreten; anstelle von, für
20.52	給	gěi 120.6	V	geben; für
20.53	為	wèi 86.5	Prp	um, für, wegen
20.54	着急	zhāojí 109.7/61.5	V/Adj	sich aufregen, sich Sorgen machen; besorgt sein
20.55	為甚麼	wèishénmo	Adv	warum, wofür, weswegen, aus wel- chem Grund

ANMERKUNG

20.61 Bei 左 und 右 wird kein Zählwort verwendet; man sagt also
nicht etwa 右隻手 , sondern 右手 (vgl.20.25).

ÜBUNGSAUFGABE

Übersetzung:

20.71 Er kommt nicht zu uns, sondern will, daß wir zu ihm gehen.

20.72 Ich fahre mit der Straßenbahn in die Stadt, um einzukaufen.

20.73 Wieviele Tage braucht man zu Fuß von Hamburg nach Berlin ? -
Ich weiß es nicht. Warum fährst du nicht mit der Bahn?

20.74 Gestern haben Xiǎo-Liú und ich bei mir zuhause die Hausaufgaben gemacht.

20.75 Hier in Deutschland gibt es keinen echten chinesischen Tee zu
kaufen.

20.76 Lao-Gao hat keine Arbeit. Ich mache mir Sorgen um ihn.

20.77 Mit welchem Schreibgerät schreibt man auf der Tafel ?

20.78 Meine rechte Hand tut mir weh. Schreiben Sie bitte für mich die
Sätze an die Tafel.

LEKTION 21   Der vollendete Aspekt: das Suffix 了

GRAMMATIK

21.01 Die Vollendung einer Handlung wird durch das Suffix 了 le
ausgedrückt. Es wird unmittelbar an das Prädikat angehängt.

21.02 Das Suffix 了 ist notwendig, wenn das Prädikat eine vollendete Handlung darstellt und ein Objekt hat, das eine
Mengenangabe enthält (21.11).

21.03 Wenn im Satz mit mehreren Prädikaten ausgedrückt werden soll,
daß die erste Handlung (P_1) vollendet ist, bevor die zweite
Handlung (P_2) einsetzt, ist das Suffix 了 an P_1 anzuhängen
(21.12).

21.04 Das Suffix 了 steht normalerweise nicht bei 是 und nur verein-
zelt bei 有 und 在 (21.13).

21.05 Das Suffix 了 findet bei den Verben 到 , 從 u.a., die als
erstes Prädikat im Satz stehen (vgl. 20.04), keine Verwendung
(21.14).

MODELLSÄTZE

21.11 昨天我買了一本書.

21.12 我上了課就進城.

21.13 有(了)問題就問老師.

21.14 他們到學校去了嗎?

ÜBUNGSSÄTZE

21.21 你看了今天的報嗎?
看了, 沒有好新聞.

21.22 你甚麼時候到學校去?
我吃了飯就去.

21.23 昨天我只睡了六個鐘頭.
為甚麼?
我睡覺以前做了課外練習, 那些句子都很難.

21.24 學了中文以後才知道中文不難.

21.25 昨天上午我太太進城買東西, 買了不少水果和
青菜.

21.26 昨天她請客，做了很多好吃的菜. 客人都説她能幹.

VOKABELN

21.41	了	-le 6.1	Sx	Verbalsuffix zum Aspekt der Vollendung
21.42	問	wèn	V	fragen
21.43	吃	chī 30.3	V	essen
21.44	飯	fàn 184.4	S	(gekochter) Reis; Essen, Mahl, Zw: 頓 dùn/181.4, 餐 cān/184.7
21.45	睡(覺)	shuì(jiào) 109.8/147.13	V	schlafen (: schlafen - Schlaf)
21.46	鐘頭	zhōngtóu	S	Stunde
21.47	以前	yǐqián 9.3/	S	vor, davor, bevor, vorher; früher
21.48	以後	yǐhòu	S	nach, danach, nachher, nachdem; später
21.49	才	cái	Adv	erst, erst dann; nur
21.50	水果	shuǐguǒ 85/75.4	S	Obst (: Wasser - Frucht)
21.51	和	hé 30.5	K	und (in der gesprochenen Sprache weniger gebräuchlich als 跟 ,1.46)
21.52	青菜	qīngcài 174/140.8	S	Gemüse (: grün - Kohl), Zw: 棵 (s.19.5o)
21.53	客(人)	kè(ren) 40.6/	S	Gast, Besuch, Zw: 位 ; 請客 Gäste einladen
21.54	好吃	hǎochī	Adj	gutschmeckend (auch 好喝 bei Getränken); 好看 gutaussehend
21.55	菜	cài	S	Kohl, Zw: 棵; Gemüse; Speise, Gericht, Zw: 道 dào (Gang), 樣 yàng
21.56	能幹	nénggàn 130.6/	Adj	tüchtig (: können - tun)

ÜBUNGSAUFGABEN

21.71 老師來了.

21.72 我們上課.

21.73 我問問題.

21.74 我們學寫字.

21.75 我們休息，喝茶.

21.76 我們練習說話.

21.77 我們下課.

21.78 我去吃飯.

21.79 我進城.

21.8o 我買書.

21.81 我去看朋友.

21.82 我回家.

21.83 我做課外練習.

21.84 我看報.

21.85 我睡覺.

A. Verknüpfen Sie die vorstehenden Sätze unter Verwendung von 以後, so daß sich die Schilderung eines Tagesablaufes ergibt.
   Beispiel:

   老師來了以後我們就上課. 上了課以後.....

B. Schildern Sie nun den Ablauf in umgekehrter Reihenfolge unter Verwendung von 以前 (ohne 83-82, 80-79, 78-77, 73-72 und 72-71).

   Beispiel:

   睡覺以前我看了報. 看報以前.....

LEKTION 22   Die Verneinung des vollendeten Aspekts

GRAMMATIK

22.01 Die Negation für 'Verb + 了' ist '没（有）+ Verb'.
Es wird zum Ausdruck gebracht, daß eine Handlung überhaupt
nicht stattgefunden hat. Die Verneinung 没（有）und das
Suffix 了 schließen also einander aus.

22.02 In verkürzter Antwort kann das Verb wegfallen; es genügt
'没有' (aber nicht 没 allein; vgl. 2.02, 12.02).

22.03 Häufige Möglichkeiten der Frageform P-NegP sind:

       V 了 没 有 ?   V （了）Obj 没有 ?

       V   没 V ?   V   Obj 没 V ?

MODELLSÄTZE   V   没 V Obj ?

22.11   他來了沒有？   他來沒來？

      沒有，他沒來.

22.12   你買沒買那本書？   你買了那本書沒有？

      沒買，我還沒買.

ÜBUNGSSÄTZE

22.21   你拿了我的練習本子沒有？

      我沒拿. 可能(是)老張拿了.

22.22   你們做了課外練習沒有？

      我沒做. 昨天晚上我有別的事，沒空兒做.

      還有誰沒做練習？   沒做練習的請舉手.

22.23   高先生，對不起，我前天不舒服，沒來上課.

      沒關係，下了課以後請你到我那兒去拿前天的

      講義.

22.24   你們懂了這個字的用法沒有？   大家都懂嗎？

      我還沒完全懂.

22.25 他到了德國以後才開始學德文；到德國來以前
      他完全不懂德文.

22.26 沒學中文以前我不知道中文這麼容易.

22.27 這架錄音機是壞的. 你用那架, 那架沒壞.

VOKABELN

22.41	拿	ná 64.6	V	nehmen, halten, holen
22.42	可能	kĕnéng 30.2/	Adj/Adv	möglich, möglicherweise
22.43	晚上	wănshang 72.7/	S	Abend
22.44	舉	jŭ 134.10	V	(empor)heben, erheben, tragen
22.45	前天	qiántian	S	vorgestern
22.46	舒服	shūfu	Adj	sich wohl fühlen (s.auch 10.46)
22.47	關係	guānxi 169.11/9.7	S	Beziehung, Zusammenhang (: schließen - verbinden); 沒關係 keine Ursache, belanglos; das macht nichts
22.48	下	xià	V	abgehen, absteigen; 下課 den Unterricht schließen; 下學 die Schule ist aus; 下車 aussteigen
22.49	用法	yòngfă /85.5	S	Gebrauch, Anwendung, Verwendungsmöglichkeiten
22.50	完全	wánquán 40.4/11.4	Adj/Adv	ganz, völlig, vollkommen (: ganz - ganz)
22.51	這麼	zènmo	Adv	auf diese Weise, so, derart
22.52	開始	kāishǐ /38.5	V/S	beginnen; Beginn (: öffnen - Anfang)
22.53	架	jià 75.5	Zw	Zw für Maschinen wie 機器, 飛機 錄音機 etc. (: Gerüst)
22.54	壞	huài 32.16	Adj/V	schlecht, defekt, kaputt; kaputtgehen

ÜBUNGSAUFGABE

Übersetzung:

22.71 Hast du die heutige Zeitung noch nicht gelesen?

22.72 Ich habe nicht deinen Federhalter, sondern deinen Bleistift
genommen.

22.73 Heute haben wir keine Pause gemacht und auch keinen Tee getrunken.

22.74 Er ist nicht zurück ins Wohnheim, sondern in die Bibliothek
gegangen.

22.75 Ich habe gestern in der Stadt keinen Freund besucht, sondern
nur ein Buch gekauft.

22.76 Sie hatte nicht gegessen, bevor sie in die Stadt gefahren ist.

<u>LEKTION 23</u> Die Partikel 了

<u>GRAMMATIK</u>

23.01 Die Partikel 了 <u>le</u> wird am Ende eines Satzes verwendet, in dem eine oder mehrere abgeschlossene Handlungen dargestellt sind (23.11/12). Wenn dabei das Objekt eine Mengenangabe enthält, weist die Partikel 了 auf eine beabsichtigte oder wahrscheinliche Fortsetzung der Handlung hin (23.13).

23.02 Die Partikel 了 weist auch auf eine tatsächlich veränderte (23.14) oder dem Sprechenden als verändert erscheinende Situation oder eine von ihm erwünschte Veränderung der Situation hin (23.15).

<u>MODELLSÄTZE</u>

23.11 昨天我買書了.

23.12 飯好了.

23.13 我做了三個句子了, 還有兩個沒做.

23.14 老師病了, 今天不上課了.

23.15 不早了, 我走了.

<u>ÜBUNGSSÄTZE</u>

23.21 我在柏林住了五年, 在漢堡也住了五年了.

23.22 我們已經學了三個月中文了.

23.23 三個月以前我們完全不懂中文, 現在都會了不少了.

23.24 這是咱們前天剛學的字, 你不認識它了嗎?

23.25 您不認識我了嗎? 我叫管希文, 是您從前的學生.

23.26 我的鉛筆沒了. 誰拿了我的鉛筆了?

23.27 天氣冷了, 大家都穿了大衣了.

23.28 吃飯了! 大家都來了! 請坐了!
來了, 來了, 我馬上就來了.

23.29 昨天上午我進城了. 進了城以後, 我先去看了一個朋友, 跟他一塊兒到一家中國飯館兒去吃了飯.

吃了飯以後，他回家了，我到書店去買書．可是書店
裏沒有我要的那本書了．
後來我就去買吃的東西．我買了一些水果和青菜．
買了吃的以後我就回家了．

VOKABELN

23.41	已經	yǐjīng 49.0/120.7	Adv	schon, bereits (: beendigen - erleben)
23.42	了	le	Pa	eine Satzpartikel
23.43	住	zhù 9.5	V	wohnen, bewohnen, übernachten
23.44	認識	rènshi 149.7/149.12	V	kennen, kennenlernen
23.45	從前	cóngqián	S	früher, einst, ehemalig
23.46	沒了	méile	V	verschwunden sein, nicht mehr vorhanden sein
23.47	天氣	tiānqi 784.6	S	Wetter (: Himmel - Luft)
23.48	冷	lěng 15.5	Adj	kalt
23.49	穿	chuān 116.4	V	anziehen (Kleidung)
23.50	大衣	dàyī	S	Mantel, Zw: 件
23.51	先	xiān	Adv	zuerst, zunächst
23.52	看	kàn	V	besuchen
23.53	飯館(兒)	fànguǎn(r)	S	Gaststätte, Zw: 家
23.54	可是	kěshi	K	aber
23.55	後來	hòulai	S	später, danach, darauf

ÜBUNGSAUFGABE

Übersetzung:

23.71 Ich fahre morgen doch nicht mit der Bahn nach Berlin; ich
      fliege.

23.72 Sind alle Gäste eingetroffen? - Drei sind bereits da, nur einer
      ist noch nicht angekommen.

23.73 Wir warten nicht mehr auf ihn; er kommt bestimmt nicht mehr.

23.74 Sie wohnt jetzt in der Stadt, nicht mehr außerhalb.

23.75 Der Tee ist kalt geworden, ich trinke ihn nicht mehr.

23.76 Er hat für mich zwei Bücher gekauft.

23.77 Wir haben schon ziemlich viele Schriftzeichen gelernt.

LEKTION 24   Die adverbiale Bestimmung

GRAMMATIK

24.01 Neben den eigentlichen Adverbien können auch Adjektive, Substantive sowie Verbalkonstruktionen als adverbiale Bestimmungen zu Prädikaten gebraucht werden (vgl. 20.o2-04).

24.02 An Adverbialbestimmungen, die aus einem durch ein Adverb modifizierten Adjektiv bestehen, wird das Hilfswort 地 angehängt (24.14/22/28). Wenn das Adjektiv nicht durch ein Adverb modifiziert ist, darf 地 bei einsilbigen Adjektiven nicht stehen (24.11/29); bei zweisilbigen ist es erforderlich, wenn diese aus Silben ähnlicher Bedeutung zusammengesetzt sind (24.26).

Im übrigen kann 地 bei mehrsilbigen Adverbialbestimmungen wahlweise verwendet werden (24.24/26/27).

MODELLSÄTZE

24.11 我明天一定早來.

24.12 這是我新買的書.

24.13 你一個人在這兒嗎?

24.14 他很努力地學習.

ÜBUNGSSÄTZE

24.21 我做的句子都對了, 我真高興.

24.22 學生們都很高興地學習.

24.23 我們前天學的那一課有一點兒難.

24.24 今天上課的時候, 同學們不停地問問題.

24.25 老師只回答了問題, 沒有講新課.

24.26 老師講文法的時候, 大家都安靜地用心聽.

24.27 在圖書館裏大家都小聲兒說話.

24.28 他回家以後, 很快地吃了飯, 就又到學校去了.

24.29 外邊兒很黑, 您慢走!

24.30 請你用今天新學的這些詞寫幾個句子.

24.31 這個地方又乾淨又漂亮, 我真喜歡這個地方.

24.32 老高不在這兒了, 他早回家了.

VOKABELN

24.41	地	<u>de</u>	Hw	Hilfswort zur adverbialen Bestimmung
24.42	高興	<u>gāoxìng</u> /134.9	Adj	fröhlich (: hoch - Stimmung)
24.43	學習	<u>xuéxí</u>	V	lernen, studieren, einüben
24.44	課	<u>kè</u>	S	Lektion (ohne Zw), (vgl. 12.47)
24.45	快	<u>kuài</u> 61.4	Adj	schnell, rasch
24.46	回答	<u>huídá</u> /118.6	V/S	(be-)antworten; Antwort
24.47	停	<u>tíng</u> 9.9	V	aufhören, anhalten, stehenbleiben, einstellen; 不停: unaufhörlich, ununterbrochen
24.48	講	<u>jiǎng</u>	V	reden, erzählen, erklären, verhandeln; 講書，講課: unterrichten
24.49	文法	<u>wénfǎ</u>	S	Grammatik (: Sprache - Gesetz)
24.50	安靜	<u>ānjìng</u> 40.3/174.8	Adj	ruhig, still (: friedlich - still)
24.51	用心	<u>yòngxīn</u> / 61	Adj	aufmerksam, konzentriert, sorgfältig (: benutzen - Herz)
24.52	聽	<u>tīng</u> 128.16	V	hören, anhören, zuhören
24.53	聲兒	<u>shēngr</u> 128.11/	S	Schall, Geräusch, Laut, Ton; 大聲兒: laut, 小聲兒: leise
24.54	黑	<u>hēi</u>	Adj	schwarz, dunkel
24.55	慢	<u>màn</u> 61.11	Adj	langsam
24.56	早	<u>zǎo</u>	Adj/Adv	längst

ÜBUNGSAUFGABE

Übersetzung:

24.71 Er beantwortet die Frage des Lehrers mit lauter Stimme.

24.72 Nach dem Unterricht fuhr er schnell in die Stadt.

24.73 Sie hören die Nachrichten ruhig und aufmerksam an.

24.74 Die Schüler lernen alle fleißig und mit Freude.

24.75 Wir haben gestern abend in einem kleinen Restaurant sehr gemütlich gegessen.

24.76 Dieses Restaurant ist sehr gut. Als wir dort waren, kamen andauernd neue Gäste.

24.77 Heute ist es ein wenig kalt; ich ziehe mir etwas mehr an.

LEKTION 25   Die Konstruktion '(是)...的' im Satz mit Verbalprädika

GRAMMATIK

25.01 Im Satz mit Verbalprädikat kann durch Verwendung der Konstruk-
      tion '(是)...的' hervorgehoben werden, von wem (wovon) (25.11
      wo (25.12), wann (25.13), wie (25.14) bzw. in Bezug auf wen
      (was) (25.15) die Handlung durchgeführt worden ist.

25.02 Wenn das Subjekt oder die adverbiale Bestimmung betont werden
      soll, steht 是 unmittelbar davor; andernfalls steht es vor dem
      Prädikat.

25.03 Das 的 der Konstruktion kann vor oder hinter einem Objekt ste-
      hen.

25.04 Bei der Verneinung darf 是 nicht wegfallen.

25.05 Nach dem mit der Konstruktion '(是)...的' bzw. '不是...的'
      hervorgehobenen Satzteil kann durch entsprechend gebrauchtes
      '是不是...的' gefragt werden (25.14).
      Ganze Sätze können mit vorangestelltem (25.11) oder nachfolgen-
      dem '是不是' (25.15) in Frage gestellt werden.

MODELLSÄTZE

25.11 (是)誰買的這本書? 是不是你買的?
      是我買的.

25.12 你(是)在哪兒買這本書的!
      我(是)在學校旁邊兒那家書店買的.

25.13 你(是)甚麼時候到的?
      今天上午.

25.14 你(是)怎麼來的? 是不是開車來的?
      不是的, 我(是)坐火車來的.

25.15 你(是)來看朋友的, 是不是?
      我不是來看朋友的, 我(是)到你們這兒的圖書館
      來看書的.

ÜBUNGSSÄTZE

25.21　張先生是去年還是前年回中國的？
　　　　他去年回國的，不是前年．

25.22　是不是你拿了我的書的？
　　　　不是我，大概是老高或者小謝拿的．

25.23.1　你是不是學政治學的？
　　　　　我從前是學政治的，現在改學歷史了．

25.23.2　你從前是在哪兒學的政治？
　　　　　我在柏林自由大學學的．

25.23.3　你從甚麼時候起改學歷史的？
　　　　　我是一年前改的．

25.24.1　你昨天晚上是一個人進的城嗎？
　　　　　不是，我跟幾個朋友一塊兒的．

25.24.2　你們是去看電影的不是？
　　　　　不是，我們沒看電影兒，我們去吃飯的．

25.24.3　你們在哪兒吃的飯？
　　　　　在車站附近的一家中國飯館兒吃的．

25.24.4　吃的甚麼菜？
　　　　　北京烤鴨．

VOKABELN

25.41	還是	háishi	K	oder (in Fragen nach Alterna-tiven; s.a.39.03)
25.42	去年	qùnian	S	das vergangene Jahr
25.43	前年	qiánnian	S	das vorletzte Jahr

25.44	大概	dàgài /75.9	Adv	ungefähr, wahrscheinlich; etwa
25.45	或者	huòzhě 62.4/125.4	K	oder (in Aussagen)
25.46	政治學	zhèngzhì-xué 66.5/85.5/	S	politische Wissenschaft
25.47	改	gǎi 66.3	V	ändern, wechseln; verbessern; verlegen, verschieben
25.48	歷史	lìshǐ 77.12/30.2	S	Geschichte, Historie
25.49	自由	zìyóu 132/102.0	Adj/S	frei, liberal; Freiheit
25.50	大學	dàxué	S	Universität, Zw: 所
25.51	從...起	cóng...qǐ		von...an, ab, seit (einem Zeit-punkt)
25.52	電影(兒)	diànyǐng(r) /59.12	S	Film (: Elektrizität - Schatten) Zw: 部 bù/163.8
25.53	車站	chēzhàn /117.5	S	Bahnhof, Haltestelle (: Wagen - stehen); 火車站 Zw: 座 ；電車站
25.54	附近	fùjìn 170.5/162.4	S	(in der) Nähe (: hängen an - nah)
25.55	烤鴨	kǎoyā 86.6/196.5	S	Bratente (braten - Ente); 鴨子 yāzi Ente, Zw: 隻

ÜBUNGSAUFGABE

Erweitern Sie die folgenden Sätze mit der Konstruktion '(是)...的' und verschiedenen zusätzlichen Angaben:

25.71 我買了一件新大衣.

25.72 老張到柏林去了.

25.73 我們吃了晚飯.

25.74 她去看朋友了.

25.75 他們看電影了.

25.76 我叔父生病了.

LEKTION 26   Das Komplement des Grades

GRAMMATIK

26.01 Die Modifizierung eines Verbs oder Adjektivs ist außer durch
die Verwendung einer adverbialen Bestimmung auch durch als so-
genannte Komplemente des Grades verwendete Adjektive, Verbal-
und Subjekt-Prädikat-Konstruktionen möglich.

26.02 Das Komplement wird mit dem Hilfswort 得 de an das Verb oder
Adjektiv angeschlossen.

26.03 Adverbien einschließlich der Negation stehen vor dem Komplement, z.B. 他來得不很早. Daher wird die Frage mit P-Neg P
wie folgt gestellt: 他來得早不早 ?

26.04 Hat das zu modifizierende Verb ein Objekt, muß das Verb hinter
dem Objekt wiederholt werden, um durch ein Komplement erweitert werden zu können, z.B. 他看書看得很快.

26.05 Bei einem aus einem einfachen Adjektiv bestehenden Komplement
des Grades wird, wie beim Adjektivprädikat, ein impliziter
Vergleich zum Ausdruck gebracht. Soll kein solcher Vergleich
angedeutet werden, so verwendet man vor diesem einfachen Adjektiv ein abgeschwächtes 很 (vgl.8.03/04).

26.06 Das Adverb 很 kann ausnahmsweise auch als Komplement des Grades verwendet werden; ein so verwendetes 很 kann hier nicht
verneint werden.

26.07 Während eine adverbiale Bestimmung zu einem Verbalprädikat normalerweise gebraucht wird, um den Verlauf einer Handlung bzw.
eine Handlung, die in der Zukunft liegt, oder einen Imperativ
zu kennzeichnen, verwendet man das Komplement des Grades vor
allem, um eine abgeschlossene, für abgeschlossen gehaltene
oder häufig in der durch das Komplement beschriebenen Weise
stattfindende Handlung näher zu bestimmen.

MODELLSÄTZE

26.11 他今天來得很早.

26.12 我看中文書看得慢, 看德文書看得快.

26.13 這本書好得很.

26.14 我等她等得很着急.

26.15 他說中文說得好不好 ?

他說中文說得我們都不懂.

ÜBUNGSSÄTZE

26.21 他這幾天忙得很, 忙得沒空兒回家吃飯.

26.22 那位先生說話說得沒完, 說得又長又沒意思, 說
得大家都快睡覺了.

26.23 老方説笑話説得真有意思, 説得大家都笑了.

26.24 他説笑話説得我們笑得肚子疼.

26.25 昨天晚上我在宿舍裏看書的時候, 有幾個人在外頭大説大笑, 吵得(人)要死, 吵得我頭疼.

26.26 人家都説中文難得要命, 可是我覺得不太難.

26.27 從前中國有很多窮人, 他們窮得沒飯吃, 沒衣服穿, 沒房子住; 現在他們都生活得很舒服了.

VOKABELN

26.41	得	-de	Hw	Hilfswort zum Komplement des Grades
26.42	忙	máng 61.3	V/Adj	sich beschäftigen; beschäftigt sein
26.43	完	wán	V/Adj/S	enden; beendet, aus; Ende
26.44	快	kuài	Adv	bald, fast
26.45	笑	xiào 118.4	V	lachen, lächeln; auslachen
26.46	笑話(兒)	xiàohua(r)	S	Witz, Scherz
26.47	肚子	dùzi 130.3	S	Bauch
26.48	大	dà	Adv	übermäßig (vor Verb); 不大 :nicht oft (vor Verb), nicht besonders (vor Adj.)
26.49	吵	chǎo 30.4	V/Adj	lärmen, poltern; streiten, zanken; lärmend, laut
26.50	要死	yào-sǐ 78.2	V/Adj	sterben wollen; schrecklich, fürchterlich, tot-
26.51	人家	rénjia	S	andere, die anderen, die Leute
26.52	太	tài	Adv	zu, allzu
26.53	要命	yào-mìng 30.5	V/Adj	auf die Nerven gehen; schrecklich, furchtbar (:fordern - Leben)
26.54	覺得	juéde	V	fühlen, merken, bewußt werden, empfinden; meinen, finden
26.55	窮	qióng 116.10	Adj	arm, elend; 窮人 : arme Leute
26.56	生活	shēnghuó 85.6	V/S	leben; Leben

ÜBUNGSAUFGABE

Übersetzung (unter Verwendung von Komplementen des Grades)

26.71 Chinesisch ist sehr leicht zu lernen.

26.72 Viele Studenten leben nicht sehr komfortabel.

26.73 Der Lehrer spricht langsam chinesisch, sodaß wir ihn alle verstehen.

26.74 Ihr Freund, der Japaner, fährt furchtbar schnell.

26.75 Hat er richtig geantwortet oder nicht? - Ja, er hat vollkommen richtig geantwortet.

26.76 Heute ist das Wetter sehr schlecht, so schlecht, daß man sich nicht wohl fühlt.

LEKTION 27   Das indirekte Objekt

GRAMMATIK

27.01 Manche Verben können aufgrund ihrer Bedeutung in Verbindung
      mit zwei Objekten stehen.

27.02 Das einem deutschen Dativ entsprechende Objekt steht dann un-
      mittelbar hinter dem Prädikat.

MODELLSÄTZE

27.11 他給我一本書.

27.12 我拿了他兩張紙.

27.13 我問你一個問題.

27.14 誰教你們中文?

ÜBUNGSSÄTZE

27.21 老方借了我字典, 還沒還我.

27.22 老師, 請您給我一捲錄音帶.

27.23 告訴你一個好消息: 我秋天到中國去旅行.

27.24 母親過生日那天, 我送了她一盆花.

27.25 教我英文的老師說話說得又清楚又好聽; 學生都
      懂他的話.

27.26 昨天老師在講新課以前問了我們一些問題. 大家
      都回答得很對; 老師很高興, 我們也高興.

27.27 我送姐姐到車站去的時候, 她告訴我, 她到了柏
      林以後就給我一個電話或者一封信.

VOKABELN

27.41 借   jiè   V   borgen, leihen
              9.8

27.42 字典   zìdiǎn   S   Wörterbuch (:Schriftzeichen - Ge-
              /12.6   setzbuch), Zw: 本 ,部

27.43	還	huán	V	zurückgeben, (Schulden)begleichen (vgl. 5.52)
27.44	錄音帶	lùyīndài 7/50.8	S	Tonband, Zw: 捲 juǎn (: rollen, Rolle) 64.8
27.45	消息	xiāoxi 85.7/	S	Nachricht, Lebenszeichen (: löschen - leben)
27.46	秋天	qiūtian 115.4/	S	Herbst
27.47	旅行	lǚxíng 70.6/144	V/S	reisen; Reise
27.48	過	guò 162.9	V	überschreiten; begehen; vergehen; vorbei-, vorüber-, hinübergehen
27.49	生日	shēngrì	S	Geburtstag; 過生日 Geburtstag feiern, Geburtstag haben
27.50	送	sòng 162.6	V	schenken; senden; begleiten
27.51	盆	pén 108.4	S	Topf, Becken; 花盆 Blumentopf
27.52	花(兒)	huā(r)	S	Blume, Blüte; Zw: 朵 duǒ/75.2 (für einzelne Blüte), 枝 zhī (am Stengel), 把 bǎ, 束 shù/75.3 (im Bund oder Strauß) 棵 kē (als Pflanze)
27.53	清楚	qīngchu 85.8/75.9	Adj	deutlich, klar (: klar - ordentlich)
27.54	電話	diànhuà	S	Telefon (-Apparat, -Gespräch)
27.55	信	xìn 9.7	S	Brief; Zw: 封 fēng/41.6 (: versiegeln); 信封: Briefumschlag

ÜBUNGSAUFGABE

Übersetzung

27.71 Der Lehrer hatte mir eine sehr schwierige Frage gestellt.

27.72 Sag ihr bitte Bescheid, ich rufe sie heute abend an.

27.73 Hast du ihm das Wörterbuch schon zurückgegeben?

27.74 Ich bringe im Auftrag von Herrn Liu zwei Bücher in die Bibliothek zurück.

27.75 Das Tonband, das Sie mir eben gegeben haben, ist gerissen; geben Sie mir bitte ein anderes, ein gutes.

27.76 Zu meinem Geburtstag schenkte mir mein Vater ein Tonbandgerät und meine Mutter einen neuen Mantel.

27.77 Lao Fang hat mir eine schlechte Nachricht mitgeteilt: sein Vater ist vorgestern gestorben.

LEKTION 28   Das vorangestellte Objekt

GRAMMATIK

28.01 Im Satz mit Verbalprädikat kann das Objekt an den Satzanfang (O-S-P) oder vor das Prädikat (S-O-P) gestellt werden.

28.02 Voraussetzung ist, daß

    a) das Objekt besonders hervorgehoben werden soll (28.11),

    b) das Objekt durch mehrere oder besonders umfangreiche Attribute erweitert ist (28.12),

    c) eine Gegenüberstellung vorliegt (28.13),

    d) durch das Adverb 都 der Plural des Objekts eindeutig gemacht werden soll (28.14) oder

    e) durch 也 oder 都 vor einem verneinten Prädikat auf die Ausschließlichkeit der Aussage hingewiesen wird (28.15).

MODELLSÄTZE

28.11 書我已經看了.

28.12 張先生桌上的那本新書誰拿了?

28.13 我早飯吃了, 中飯還沒吃.

28.14 這些字他都不認識.

28.15 他一個字也不認識.

ÜBUNGSSÄTZE

28.21 他借你的那兩捲錄音帶還你了沒有?

    還了一捲了, 另一捲他明天還.

28.22 老張走了以後, 信也不寫, 電話也不打, 一點兒消息都不給我們.

28.23 這個詞的意思我大概懂了, 可是它的用法我還不大明白.

28.24 他說的話我一句也不懂.

28.25 劉先生這篇文章寫得很好, 所有的問題都解釋得很清楚.

28.26 這本小說兒一點兒意思都沒有.

28.27 前天我給你們講的那個笑話請你們後天回講.

28.28 老毛現在還抽那麼多烟, 喝那麼多酒嗎?

　　　　烟他已經不抽了, 可是酒還喝得很多.

28.29 你喝茶還是喝咖啡?

　　　　謝謝, 我咖啡跟茶都不喝, 我只喝冷水.

VOKABELN

28.41	另	lìng 30.2	DPr/Adv	andere, außerdem, extra
28.42	打	dǎ 64.2	V	schlagen; 打電話 telefonieren
28.43	明白	míngbai /106	Adj/V	klar, verständlich; verstehen, begreifen
28.44	文章	wénzhāng /117.6	S	Aufsatz, Artikel; Zw: 篇 piān 118.9
28.45	所有	suǒyǒu	Adj	alle, sämtliche
28.46	解釋	jiěshì 148.6/ 165.13	V	erklären, erläutern
28.47	小說(兒)	xiǎoshuō(r)	S	Erzählung, Novelle, Zw: 篇 ; Roman, Zw: 部
28.48	後天	hòutian	S	übermorgen
28.49	回講	huíjiǎng	V	wiedererzählen, nacherzählen
28.50	那麼(樣)	nàmo(yang)	Adv	so, derartig, auf jene Weise
28.51	抽烟	chōu yān 64.5/86.6	V	rauchen (: ziehen - Rauch)
28.52	酒	jiǔ 164.3	S	alkoholhaltiges Getränk
28.53	咖啡	kāfēi, jiā- 30.5/30.8	S	Kaffee
28.54	水	shuǐ	S	Wasser

ANMERKUNGEN

28.61 Beim Komplement des Grades wird nach 26.04 das Verb wiederholt, falls es ein Objekt hat. Wenn das Objekt vorangestellt
worden ist, so erübrigt sich die Wiederholung, z.B. statt
他看書看得很快 sagt man 書他看得很快 oder 他書看得很
快. Die Antwort in 28.28 würde ohne Voranstellung des Objekts wie folgt lauten ... 喝酒還喝得很多 .

28.62 Eine weitere Möglichkeit, die Ausschließlichkeit auszudrücken, ist die folgende: auf das Subjekt folgt 一點兒 bzw.
一 mit Zw und/oder Substantiv, vor dem verneinten Prädikat steht 都 oder 也 , z.B. 這本書一點兒也不好. 他們
一個人都不會中文 .

ÜBUNGSAUFGABE

Übersetzung (in Sätzen mit vorangestelltem Objekt)

28.71 Im Hörsaal ist kein einziger Mensch mehr.

28.72 Geben Sie mir bitte das Buch da drüben.

28.73 Diese Angelegenheit habe ich ihr schon gestern mitgeteilt.

28.74 Dieses Tonbandgerät hat mir mein Vater geschenkt.

28.75 Sie kennt alle Kommilitonen hier bei uns.

28.76 Er kann Deutsch, Englisch und Japanisch, nur kein Chinesisch.

28.77 Ich habe sämtliche Artikel in dieser Zeitschrift gelesen.

28.78 Er liest deutsche Bücher ziemlich schnell, spricht aber kein
Wort deutsch.

28.79 Grammatisch ist mir dieser Satz noch nicht ganz klar.

28.80 Alle grammatischen Fragen in dieser Lektion hat uns der
Lehrer gründlich erklärt.

LEKTION 29 Das Modalverb

GRAMMATIK

29.01 Modalverben treten modifizierend vor das Verb, um eine Fähigkeit, Möglichkeit, Absicht, Bereitschaft, Notwendigkeit, Verpflichtung, Erlaubnis etc. auszudrücken.

29.02 Modalverben haben keine Aspekte; Verbalsuffixe wie 了 können
also nicht an ein Modalverb angeschlossen werden.

29.03 Die Verneinung kann, jeweils dem Sinn nach, beim Modalverb oder
beim Hauptverb, aber auch gleichzeitig bei beiden erfolgen. Das
Modalverb wird im Normalfall durch 不 verneint. 沒 kann verwendet werden, wenn betont werden soll, daß die durch das Modalverb zum Ausdruck gebrachte Modifizierung des Hauptverbs in
einer abgeschlossenen Vergangenheit liegt.

29.04 Die entsprechende Anwendung der Frageform 'P-NegP' ist

MV-(V)-Neg-MV-V   oder   MV-V-Neg-MV-(V)
能 (來) 不 能 來   能 來 不 能 (來)
MV-Neg-MV-V-O   MV-V-O-Neg-MV
能 不 能 看 書   能 看 書 不 能

MODELLSÄTZE

29.11 你們會説中國話不會？
我會説一點兒，他一點兒都不會(説).

29.12 他今天會不會來？
不會. 他今天沒空兒，不能來.

29.13 飯可以不吃，這個電影不能不看.

29.14 前天我病了，沒能來，很對不起.

29.15 這個問題不太難，你應該會回答.

ÜBUNGSSÄTZE

29.21 你想不想吃一點兒東西？
我不要吃東西，只想喝點兒水.

29.22 學語言要常常練習.

29.23 天冷了，今天得穿厚大衣了.

29.24 這篇文章你們必須會回講.

29.25 你不必去，也不用寫信，只要打個電話就好了。

29.26 明天學校裏沒有要緊事，我可以不去.

29.27 這個消息很要緊，你不可以不告訴他.

29.28 教室裏許不許抽烟？

上課的時候不能抽；要抽的可以在休息的時候抽

29.29 你能幫我這個忙嗎？

我很願意幫你忙，可是這個忙我不能幫.

29.30 那件衣服好看得很，你該買了它的.

VOKABELN

29.41	能	néng	MV	können, fähig sein, in der Lage sein dürfen, erlaubt sein
29.42	會	huì	MV	können, etwas zu tun verstehen; wahrscheinlich sein
29.43	可以	kěyǐ	MV	können, dürfen, erlaubt sein
29.44	(應)該	(yīng)gāi 61.13/149.6	MV	sollen (verpflichtet sein)
29.45	想	xiǎng 61.9	V/MV	denken, gedenken, annehmen; wollen, wünschen, mögen
29.46	要	yào	MV	werden; wollen; sollen (i.S. einer Empfehlung)
29.47	語言	yǔyán 149.7/149	S	Sprache (wiss. Begriff); Zw 種 zhǒng /115.9; 漢語 Chinesisch (kein 中語!), 德語 Deutsch, 英語 Englisch, 日語 Japanisch
29.48	得	děi	MV	müssen (kann nicht verneint werden!)
29.49	必須	bìxū 61.1/181.3	MV	müssen (formeller als 得)
29.50	不必	búbì	MV	verneinte Form von 得 und 必須
29.51	不用	búyòng	MV	nicht brauchen
29.52	只要	zhǐyào	K	sobald, sofern, solange (: nur - brauchen)
29.53	要緊	yàojǐn /120.8	Adj	wichtig, dringend

29.54	許	xǔ 149.4	V/MV	erlauben, versprechen; dürfen, erlaubt sein
29.55	幫忙	bāngmáng 50.14/	V	helfen(: helfen - Beschäftigung)
29.56	願意	yuànyì 181.10/	MV	bereit sein, willig sein, gern tun

ANMERKUNGEN

29.61 會 , 能 , 可以 und 許 können alle durch 'können' wiedergege-
ben werden. 會 bezeichnet ein Können i.S. einer erworbenen
Fähigkeit (s.29.11/15), 能 dagegen i.S. einer natürlichen
Fähigkeit (29.14). 能 sowie 可以 können beide ein Können i.S.
einer Erlaubnis meinen (29.13/26/27/28). Sie sind in dieser
Bedeutung weniger verbindlich als 許 . 會 drückt auch ein
Können i.S. einer Wahrscheinlichkeit aus (29.12).

29.62 想 und 要 bezeichnen beide ein Wollen, wobei 想 höflicher
sein kann (s.29.21).

29.63 Bei einigen Modalverben (能 , 會 , 可以 , 應該 , 許 u.a.)
bringt eine Verneinung des Modalverbs sowie des Hauptverbs
eine starke Verpflichtung oder Empfehlung (deutsch meistens
'müssen') zum Ausdruck (s.29.13/27).

ÜBUNGSAUFGABE

Übersetzung

29.71 Kann sie Auto fahren? - Nein, sie hat es nicht gelernt.
29.72 Er hat zu viel getrunken; er kann nicht mehr Auto fahren.
29.73 Dieses Gerät ist defekt, man kann es nicht mehr benutzen.
29.74 Wir müssen einmal Pause machen.
29.75 Dieses Buch sollten alle lesen.
29.76 In der Bibliothek ist das Rauchen untersagt.
29.77 Diesen Brief schreibe ich ungern, aber ich muß es tun.
29.78 Können Sie schon ein chinesisches Wörterbuch benutzen? Noch
nicht richtig.
29.79 Gestern hatte ich Kopfschmerzen und konnte nicht kommen.

<u>LEKTION 30</u> Das Komplement des Resultats

<u>GRAMMATIK</u>

30.01 Verben oder Adjektive können unmittelbar (d.h. auch vor etwai-
gen Suffixen) an ein Verb oder Adjektiv angeschlossen werden
(sogenanntes Komplement des Resultats). Eine solche Verbindung
weist auf das Ergebnis der durch das Verb ausgedrückten Handlung
bzw. auf die Intensität der durch das Adjektiv ausgedrückten
Eigenschaft hin.

30.02 Das Suffix 了 bleibt hinter einem Komplement des Resultats oft
aus, wenn dem Komplement ein Objekt folgt, bei dem keine Mengenangabe vorhanden ist und wenn die Partikel 了 vorhanden ist,
z.B. 我看完(了)書了.

30.03 Das Komplement des Resultats hat in der Regel den vollen Ton.

30.04 Die Verneinung erfolgt im allgemeinen durch沒(有):不 wird nur
in Sätzen mit konditionalem Sinn verwendet.

<u>MODELLSÄTZE</u>

30.11 我找兩本書, 一本找着了, 另一本還沒找着.

30.12 這本書你看完了沒有?

我快看完了.

30.13 不做好這個練習我不睡覺.

<u>ÜBUNGSSÄTZE</u>

30.21 昨天我到醫院去看一個朋友, 沒看着; 他已經出
院了.

30.22 我去看電影, 也沒看着. 我去晚了, 票賣完了.

30.23 後來我去買書, 也沒買到. 那本小說兒是兩個星
期以前才出版的, 現在已經賣完了.

30.24 我在街上遇見了老張. 我看見他在街那邊兒, 他
沒看見我. 我叫他, 他也沒聽見.

30.25 老師說的話我都聽見了, 可是沒聽明白, 只聽懂
了一點兒.

30.26 大家都準備好了沒有? 咱們要開始錄音了.

30.27 這架錄音機不知道是誰弄壞了.

30.28 這句話你能不能翻譯成德文?

30.29 圖書館裏的字典只許在那兒用，不可以拿走.

30.30 好極了！你來得正好. 我正要找你，你就來了.

VOKABELN

30.41	着	-zháo	V	bezeichnet als Kompl. d.Res.den Er-folg der Handlung (:zutreffen), z.B. 找着 finden
30.42	醫院	yīyuàn 164.11/170.7	S	Krankenhaus (: Medizin - Hof), Zw:所
30.43	出	chū 17.3	V	ausgehen, verlassen; 出(醫)院 vom Krankenhaus entlassen
30.44	晚	wǎn	Adj	spät
30.45	票	piào 113.6	S	Schein, Karte, Marke, Zw:張
30.46	出版	chūbǎn /91.4	V	herausgeben, veröffentlichen, verle-gen, publizieren (: ausgeben- Druck-platte)
30.47	遇	yù 162.8	V	begegnen, (zufällig) treffen, stoßen
30.48	見	jiàn 147	V	sehen; als Kompl.d.Res. bezeichnet 見 auch die Wahrnehmung des Sehens, Hörens bzw. Riechens
30.49	準備	zhǔnbèi 85.10/9.10	V/S	vorbereiten, vorhaben, planen; Vorbereitung (: richten - bereiten)
30.50	錄音	lùyīn	V/S	Ton aufnehmen; Tonaufnahme
30.51	弄	nòng,lòng 55.4	V	machen, tun; spielen
30.52	翻譯	fānyì 124.12/ 149.13	V/S	übersetzen, dolmetschen (auch 翻); Übersetzung; Übersetzer, Dolmetscher (: wenden - dolmetschen)
30.53	成	chéng 62.3	V	werden, erfolgen, vollenden; 翻(譯)成 ins...übersetzen
30.54	極	jí 75.9	Adj/Adv	äußerst, extrem
30.55	正	zhèng 77.1	Adj/Adv	gerade, recht, aufrecht

ÜBUNGSAUFGABE

翻譯

30.71 Dieser Roman ist bereits ins Chinesische übersetzt worden.

30.72 Kannst du heute abend die Hausaufgaben zuende machen?

30.73 Wenn man eine Frage nicht versteht, kann man sie auch nicht be-antworten.

30.74 Ich war mit der Vorbereitung noch nicht fertig, da fing der
      Lehrer schon an, die Sätze auf Band zu sprechen,

30.75 Xiǎo Fāng hat ein Wörterbuch von deinem Tisch weggenommen.

30.76 Diesen Satz müssen wir gründlich erläutern.

30.77 Ich habe eben die Zeitung von gestern gesucht, aber nicht ge-
      funden. Hast du sie gesehen?
      Nein,die habe ich nicht gesehen; ich würde sie auch gern le-
      sen.

<u>LEKTION 31</u> Verwendungsmöglichkeiten von 給

<u>GRAMMATIK</u>

31.01 給 gěi leitet bei bestimmten Verben ein indirektes Objekt ein.
Dabei handelt es sich um Verben, deren Bedeutung ein 'Geben'
im weiteren Sinne einschließt; das indirekte Objekt bezeichnet
denjenigen, der von der Handlung profitiert.

31.02 a) Bei einer Gruppe dieser Verben ist 給 zur Einleitung des in-
direkten Objekts notwendig, z.B. bei 賣, 交 <u>jiāo</u>, 寄 <u>ji</u>,
送 <u>sòng</u> (senden),etc. (31.11/16)
b) Bei einer anderen kann es entfallen, z.B. bei 送 (schenken),
還 <u>huán</u>, 教 <u>jiāo</u>, 告訴, etc.(31.11)
c) Bei einer dritten Gruppe verkehrt sich die Handlung durch
給 in die Gegenrichtung(vgl.deutsch 'jemandem leihen - von
jemandem leihen'),z.B. 拿,買,借,租, etc.(31.12/13/16)

31.03 ' 給 + indirektes Objekt' kann verschiedene Positionen im Satz
einnehmen:

a) unmittelbarer Anschluß an das Verb (vgl. Komplement des Resultats, L.30)
b) Anschluß an 'Verb + Objekt'; im Unterschied zum Satz mit
zwei Verbalprädikaten (vgl. L.20) bleibt das Hauptgewicht
hier auf dem ersten Prädikat.

In der Regel sind die Konstruktionen a) und b) ohne Bedeu-
tungsveränderung austauschbar.

c) 給 als erstes Prädikat; die Funktion von 給 ist dann abge-
schwächt und einer Präposition ähnlich (vgl. bereits 20.04).

In dieser Position kann 給 zwei Bedeutungen haben:
- 'für, zugunsten von' (wie bei a) und b))(31.14)
- 'für, anstelle von'; in dieser Bedeutung ist 給 mit 替 <u>ti</u>
austauschbar. (31.15)

In Verbindung mit einigen Verben kann 給 in beiden Bedeutungen verwendet werden, z.B. bei 打(電話), 寄, 寫(信).

(31.15/16) Bei anderen Verben ist nur die zweite Bedeutung
möglich, z.B. bei 賣. (31.16)

<u>MODELLSÄTZE</u>

31.11 這本書是我還(給)張老師的, 請你交給他.

31.12 他拿了我一本書.

31.13 請你拿給我那本書.

31.14 我要給老張打電話, 還要打個電話給老高.

31.15 你不會寫中文信, 我可以給你寫.

31.16 他們只賣給你新汽車, 不買你的舊車, 也不給你
賣舊車.

ÜBUNGSSÄTZE

31.21 你還不會用中文字典嗎？我可以教給你.

31.22 剛才小謝交給我一捲錄音帶，是她還你的.

31.23 這封信是給劉老師的，請你送給他.

31.24 我寫給父親一封信，請他寄些錢給我.

31.25 老方去年剛到美國的時候給我寫了一張卡片，後來就沒有消息了.

31.26 張先生要租毛太太樓上的那間屋子，可是毛太太不願意租給他.

31.27 我母親昨天上街給我買了一條褲子，給她自己買了一雙鞋.

31.28 對不起，您能不能告訴我，火車站在哪兒？
從這兒往東，到十字路口兒向左轉，路西不遠就是火車站了.

VOKABELN

31.41	交	jiāo 8.4	V	ein-, überreichen, abgeben
31.42	寄	jì 40.8	V	(per Post) schicken
31.43	錢	qián 167.8	S	Geld
31.44	美國	měiguó 123.37	E	U.S.A.
31.45	卡片	kǎpiàn 25.3/91	S	Karte, Zw: 張
31.46	租	zū 115.5	V	mieten, pachten; 出租 vermieten, verpachten; (出)租給 vermieten, verpachten an
31.47	褲子	kùzi 145.10/	S	Hose, Zw: 條
31.48	自己	zìjǐ 749	PPr	selbst, eigen (: selbst - selbst)
31.49	鞋	xié 177.6	S	Schuh, Zw: 隻 ; 雙 (Paar)

31.5o	往	wǎng, wàng 60.5	V	gehen nach, in Richtung auf
31.51	東	dōng	S	Osten, östlich
31.52	十字路口(兒)	shízi- lùkǒu(r)	S	Straßenkreuzung
31.53	向	xiàng 30.3	V	gehen nach, in Richtung auf
31.54	轉	zhuǎn 159.11	V	wenden, biegen
31.55	西	xī	S	Westen, westlich
31.56	遠	yuǎn 162.10	Adj	weit, fern

ÜBUNGSAUFGABE

翻譯 :

31.71 Der Engländer hat mir sein altes Auto verkauft.

31.72 Wer bringt euch das Schreiben mit dem Pinsel bei ?

31.73 Ich habe ihm drei Briefe geschrieben, aber er mir noch keinen einzigen.

31.74 Lao Zhang will uns sein Auto nicht leihen; wir müssen uns eins mieten.

31.75 Kannst du mir etwas Geld leihen? Wenn das Geld, das mein Vater mir geschickt hat, angekommen ist, werde ich es dir zurückgeben.

31.76 Er hat mir diese Kinokarte nicht verkauft, sondern geschenkt.

31.77 Mein eigenes Wörterbuch habe ich jemand anderem geliehen, jetzt muß ich selbst eins aus der Bibliothek ausleihen.

31.78 Kaufen Sie unseren Wagen, dann verkaufen wir gern Ihren alten für Sie.

31.79 Sie gehen von hier aus in Richtung Süden bis zur Kreuzung, biegen dann nach rechts ab, vor der Straßenbahnhaltestelle nach links; Sie sehen dann die Universität auf der gegenüberliegenden Straßenseite.

LEKTION 32   Das einfache Komplement der Richtung

GRAMMATIK

32.01 Die Komplemente der Richtung 來 und 去 ergänzen das Verb, indem sie die Richtung bezeichnen, in die die durch das Verb dar-
gestellte Handlung zielt. Sie werden im neutralen Ton gesprochen.

32.02 Die Verwendung von 來 oder 去 richtet sich nach der örtlichen
Beziehung des Sprechenden zur Handlung, nach seinem Standort.
來 entspricht etwa der Vorsilbe 'her-', 去 entspricht 'hin-'.

32.03 Ist kein Objekt vorhanden, folgt das Komplement der Richtung
unmittelbar auf das Verb (32.11). Ist ein Objekt vorhanden,
tritt das Komplement im Regelfall hinter das Objekt (32.12/13).
Falls das Objekt durch die Handlung in seiner Lage verändert
wird und die Handlung abgeschlossen ist, kann das Komplement
der Richtung auch vor dem Objekt stehen (32.14).

MODELLSÄTZE

32.11 他出來以後你就可以進去了.

32.12 張先生在樓上, 現在不能下來; 請您上樓去看他
好不好?

32.13 這兒沒有粉筆了, 我去拿幾枝來.

32.14 他從圖書館回來了, 借來了很多書.

ÜBUNGSSÄTZE

32.21 今天上午老方打來了一個電話; 他說, 請你回來
以後馬上給他打個電話去.

32.22 我現在下樓去打電話, 一會兒再上來.

32.23 你打完電話上來的時候, 給我帶一杯咖啡來.

32.24 字典我不用了, 你可以拿去.

32.25 椅子不夠, 請你去搬一把來.

32.26 哥哥今天很早就起來了, 早飯也沒吃就出去了,
到現在還沒回來, 不知道他忙些甚麼.

32.27 現在是紅燈, 咱們還不能過去, 得等綠了再走.

32.28 你到郵局去嗎？能不能替我帶些郵票來？

32.29 剛才郵差送來了一封快信.

32.30 這封信是我父親寫來的；他給我寄了錢來了.

32.31 今天電梯真奇怪：我要上去的時候，電梯都是下
去的；現在我要下去，又只有上去的電梯了.

VOKABELN

32.41	夠(够) gòu 36.8	V	ausreichen, erreichen
32.42	搬 bān 64.10	V	tragen, transportieren; 搬家: um-ziehen, Umzug
32.43	再 zài 13.4	Adv	wieder, noch einmal; dann
32.44	帶 dài	V	mit sich tragen, mitnehmen, mitbringen
32.45	杯 bēi 75.4	S/Zw	杯子 bēizi Becher, Tasse, Glas; 杯 als Zw: Becher-, Tassevoll
32.46	起 qǐ	V	heben, sich erheben, aufstehen;
32.47	紅 hóng 120.3	Adj	rot
32.48	綠 lǜ 120.8	Adj	grün
32.49	燈 dēng 86.12	S	Lampe, Zw: 盞 zhǎn/108.8 (: Schäl-chen); 紅綠燈: Verkehrsampel
32.50	郵局 yóujú 163.8/44.4	S	Postamt, Zw: 所
32.51	郵差 yóuchāi /48.7	S	Briefträger (: Post - Bote)
32.52	郵票 yóupiào	S	Briefmarke, Zw: 張
32.53	快信 kuàixìn	S	Eilbrief
32.54	梯 tī 75.7	S	梯子 tīzi Leiter; 電梯 diàntī Fahrstuhl; Zw: 架; 樓梯 lóutī Haustreppe, Zw: 座
32.55	奇怪 qíguài 37.5/61.5	Adj	seltsam, merkwürdig

ÜBUNGSAUFGABE

翻譯

32.71 Sie ist zum Wohnheim zurückgegangen.

32.72 Es ist grün, gehen wir schnell hinüber.

32.73 Bitte holen Sie ein paar Stück Kreide.

32.74 Willst du mit mir zusammen ausgehen?

32.75 Ich habe ein interessantes Buch aus der Bibliothek ausgeliehen.

32.76 Er ist zum Telefonieren heruntergekommen.

32.77 Kannst du diesen Brief für mich zur Post mitnehmen?

32.78 Die Mutter hat heute viel eingekauft.

32.79 Hast du die Blumen schon hingeschickt, die du ihr schenken wolltest?

32.80 Ich habe heute nachmittag deinen Vater aus der Straßenbahn aussteigen sehen.

LEKTION 33   Das zusammengesetzte Komplement der Richtung

GRAMMATIK

33.01 Die Verben 上 , 下 , 進 , 出 , 回 , 過 , 起 und 開 können als
Komplement des Resultats verwendet werden (33.11). Sie können
aber auch in Verbindung mit einem darauf folgenden 來 oder 去
als zusammengesetzte Komplemente der Richtung an ein anderes
Verb angehängt werden. 起 und 開 können nur mit 來 verbunden
werden.

33.02 Bei Verben mit einem zusammengesetzten Komplement der Richtung
steht das Objekt in der Regel zwischen den beiden Bestandteilen
des Komplements (33.12). Bei Prädikaten, die eine Lage- oder Zu-
standsveränderung des Objekts durch eine abgeschlossene Handlung
bezeichnen, kann das Objekt auch vor oder hinter dem gesamten
Komplement stehen (33.13).

33.03 Komplemente der Richtung, vor allem die zusammengesetzten, werden häufig in übertragendem Sinn gebraucht (33.14/15).

MODELLSÄTZE

33.11 他穿上了大衣就出去了.

33.12 老師走進教室來, 就拿起一枝粉筆來在黑板上寫字.

33.13 他們昨天搬出去了三把椅子, 今天只送了兩把回來.

33.14 老張還沒開始説笑話, 大家已經笑起來了.

33.15 這本小説兒沒意思, 我不想看下去了.

ÜBUNGSSÄTZE

33.21 大家請坐下去, 不要站起來.

33.22 請大家打開錄音機, 放上錄音帶, 戴上耳機; 咱們要
開始練習了.

33.23 現在咱們可以放下耳機, 關上錄音機, 休息一會兒.

33.24 我們的電話壞了, 只能打進來, 不能打出去.

33.25 電梯壞了, 咱們得走上樓去.

33.26 她母親看上去年紀不大.

33.27 我要包起這些東西來, 你能不能給我一張紙？

33.28 天氣暖和起來了，冬天的衣服可以收起來了．

33.29 我們學的文法漸漸地難起來了，生字也多起來了．

33.30 很多事情都是說起來容易，做起來難．

33.31 我一拿起電話來就聽出來了是你．

33.32 這個句子對不對？你看出錯兒來了沒有？

33.33 這個故事很有意思，請你說下去．

33.34 那個病人昨天昏過去了，過了很久才醒過來．

VOKABELN

33.41	站	zhàn	V	stehen
33.42	放	fàng 66.4	V	legen, stellen; loslassen, gehen lassen
33.43	戴	dài 62.14	V	aufsetzen, tragen (Hut, Handschuhe, Brille, etc.)
33.44	耳機	ěrjī 128/	S	Ohrhörer (: Ohr - Gerät), Zw: 副 fù 18.9
33.45	關	guān	V	schließen
33.46	包	bāo 20.3	V	packen, wickeln
33.47	冬天	dōngtian 15.3/	S	Winter
33.48	暖和	nuǎnhuo 72.9/	Adj	warm
33.49	收	shōu 66.2	V	aufheben, wegpacken, in Empfang nehmen
33.50	漸漸	jiànjiàn 85.11	Adv	allmählich
33.51	生字	shēngzì	S	neue Wörter (bzw. Schriftzeichen) (: roh - Schriftzeichen)
33.52	一....就....	yī...jiù...		sobald...dann...
33.53	錯	cuò 167.8	Adj	falsch; 錯兒 cuòr Fehler
33.54	故事	gùshi 66.57	S	Geschichte, Erzählung (: alt - Angelegenheit)
33.55	昏	hūn 72.4	V	ohnmächtig sein

| 33.56 | 久 | jiŭ
4.2 | Adj | lange |
| 33.57 | 醒 | xǐng
164.9 | V/Adj | wachen, erwachen, wieder zu sich kommen; wach, munter |

ANMERKUNGEN

33.61 Konkrete und übertragene Bedeutungen von 起來 als zusammen-
gesetztes Komplement der Richtung sind z.B.

auf-, s.33.21, 33.31;

zusammen-, 33.27, 33.28 (收起來);

werden, 33.28 (暖和起來), 33.29;

anfangen (etwas zu tun) 33.14, 33.3o. Im Unterschied zu
起來 meint 開始 einen planmäßigen Beginn (33.14).

33.62 下去 in übertragenem Sinne bedeutet oft '(mit etwas) fort-
fahren, weitermachen' (33.15, 33.33).

看上去 bedeutet 'scheinen, aussehen wie' (33.26); zu 聽出來
(33.31) und 看出來 (33.32) vgl. deutsch "'heraus'-hören"
bzw. "'er'-sehen".

ÜBUNGSAUFGABE

Ersetzen Sie 看報 im Ausgangssatz durch die folgenden Wortgruppen.

Ausgangssatz: 他回了家以後就看起報來了.

33.71	寫信
33.72	吃飯
33.73	念中文
33.74	頭疼
33.75	打電話
33.76	一個人喝酒
33.77	用心地做練習
33.78	跟弟弟講故事
33.79	坐在椅子上睡覺
33.8o	戴上耳機聽錄音

<u>LEKTION 34</u> Das Komplement der Möglichkeit

<u>GRAMMATIK</u>

34.01 Zwischen ein Verb und sein Komplement der Richtung bzw. des
Resultats kann 得 <u>de</u> eingeschoben werden, um die Möglichkeit
des Eintretens desjenigen Zustandes zu bezeichnen, der durch
die entsprechende Komplementkonstruktion der Richtung oder des
Resultats ausgedrückt würde (Komplement der Möglichkeit).

34.02 Zur Verneinung tritt 不 an die Stelle von 得 .

34.03 Die Konstruktion ist bedeutungsmäßig identisch mit '能(1) + Verb
+ Komplement der Richtung bzw. des Resultats'; die Verwendung
des Komplements der Möglichkeit wird aber als unkomplizierter
empfunden und ist häufiger. (Manchmal steht ein zusätzliches 能
vor einem Verb mit einem Komplement der Möglichkeit. Ein Bedeu-
tungsunterschied besteht dabei nicht.)

34.04 Die positive Form des Komplements der Möglichkeit und die des
Komplements des Grades sind in der geschriebenen Sprache nicht
unterscheidbar; dagegen ist in der Aussprache ein Unterschied
möglich: beim Komplement der Möglichkeit kann das Verb, beim
Komplement des Grades das Komplement stärker betont werden.
Im übrigen wird das Komplement der Möglichkeit im Gegensatz
zum Komplement des Grades i.allg. nicht weiter modifiziert.

34.05 Zur Stellung des Objekts beim Komplement der Möglichkeit:
    a) Das Objekt steht hinter dem Komplement der Möglichkeit, das
    aus einem Komplement des Resultats oder einem einfachen Kom-
    plement der Richtung besteht, z.B. 借得着書，出不去門.
    b) Beim Komplement der Möglichkeit, das aus einem zusammenge-
    setzten Komplement der Richtung besteht, steht das Objekt
    zwischen beiden Bestandteilen des Komplements der Richtung,
    z.B. 借得出書來，走不出門去.

    Objekte, deren Lage durch die Handlung verändert werden kann,
    können auch hinter dem gesamten Komplement stehen, z.B. 借得
    出來書.

34.06 Wie die Modalverben hat das Komplement der Möglichkeit keine
Aspekte (vgl. 29.02).

<u>MODELLSÄTZE</u>

34.11 這本書你今天看得完看不完?
    我看書看得很慢，今天看不完這本書.

34.12 我的電話壞了. 只打得進來，可是打不出去.

34.13 他說話說得很清楚，我完全聽得懂.

34.14 這本書太沒意思，我看不下去了.

ÜBUNGSSÄTZE

34.21 您會不會說中文？
　　　我會說一點兒，可是說不好．
　　　您太客氣了．您這不是說得很好嗎？
　　　我只會這兩句，再多就說不了了．

34.22 我吃不了這麼多東西．

34.23 活到老，學到老，一輩子也學不了．

34.24 他的車不小，坐得下五個人．

34.25 這兒買得着買不着中國報跟中國雜誌？
　　　雜誌買得到，報買不到．

34.26 你用不着上他那兒去；打個電話給他就成了．

34.27 門鎖起來了．咱們沒有鑰匙，進不去教室．

34.28 對不起，我想不起來你叫甚麼名字了．

34.29 這件衣服太貴，我買不起．我要一件便宜點兒的．

34.30 老高是個很能幹的人，你不應該看不起他．

34.31 這張桌子太重，你一個人搬不動，咱們兩個才抬
　　　得起它來．

34.32 後邊兒的同學看得清楚黑板上的字嗎？

34.33 這篇文章難得不得了，我翻譯不了．

VOKABELN

34.41	客氣	kèqi	Adj	höflich, förmlich, bescheiden
34.42	了	liǎo	V	erledigen, vollenden, fertig werden mit
34.43	活	huó	V/Adj	leben; lebend, lebendig
34.44	老	lǎo	Adj/Adv	alt; immer, stets

34.45	一輩子	yíbèizi /159.8/	S	das ganze Leben (lang)
34.46	鎖	suǒ 167.10	S/V	Schloß, Zw: 把 ; verschließen
34.47	鑰匙	yàoshi 167.17/21.9	S	Schlüssel, Zw: 把
34.48	貴	guì 154.5	Adj	teuer, wertvoll, edel
34.49	買不起	mǎibùqǐ		sich nicht leisten können (nicht in der Lage sein zu kaufen)
34.50	便宜	piányi 9.7/40.5	Adj	preiswert, billig
34.51	看不起	kànbùqǐ		verachten, geringschätzen, respektlos behandeln
34.52	重	zhòng 166.2	Adj	schwer (an Gewicht)
34.53	動	dòng 19.9	V	(sich) bewegen, (sich) rühren
34.54	抬	tái 64.5	V	heben, tragen
34.55	不得了	bùdéliǎo	Adj	ungeheuer, enorm, wunderbar

ANMERKUNGEN

34.61 對不起 (17.50) setzt sich aus dem Verb 對 ('gegenüberstehen') und dem verneinten Komplement der Möglichkeit 不起 ('nicht gerecht werden können') zusammen, es bedeutet also '(jemandem) nicht gerecht werden können'.

34.62 Entsprechend zu 對不起, 看不起 und 買不起 kommen auch 對得起, 看得起 und 買得起 in positivem Sinne vor, allerdings weniger häufig.

ÜBUNGSAUFGABE

翻譯

34.71 Der Fahrstuhl ist defekt und kann weder aufwärts noch abwärts fahren.

34.72 Mit diesem kleinen Stück Papier kann man das dicke Buch doch nicht einpacken.

34.73 Wieviel Leute können in eurem Hörsaal Platz finden?

34.74 Dieses Buch ist zur Zeit vergriffen (= nicht zu kaufen).

34.75 Ich habe keinen Schlüssel und kann die Tür nicht aufschließen.

34.76 Kannst du ersehen, von wem dieser Brief geschrieben ist?

34.77 Dieses Tonbandgerät ist nicht allzu schwer, du kannst es bestimmt tragen.

34.78 Entschuldigung! Wir können jetzt nicht weiterreden; ich muß sofort zum Unterricht.

34.79 Ich kann die Aufgabe heute abend zuende machen, weiß aber nicht ob sie richtig wird.

<u>LEKTION 35</u>   Verben mit Doppelfunktionswort

<u>GRAMMATIK</u>

35.01   Die Objekte einiger Verben (z.B. 請, 叫, 有) können ihrerseits
        von Verben gefolgt sein, zu denen sie im Verhältnis von Subjekt
        zu Prädikat stehen; sie haben also - Objekt einerseits, Subjekt
        andererseits - doppelte Funktion.

35.02   Die Konstruktion unterscheidet sich von der Verwendung von Sub-
        jekt-Prädikat-Konstruktion als Objekt (L.15): vor dem Doppel-
        funktionswort ist keine Sprechpause möglich.

<u>MODELLSÄTZE</u>

35.11 教室裏有人上課.

35.12 他請你進去.

35.13 老師叫我找一位同學幫他忙.

<u>ÜBUNGSSÄTZE</u>

35.21 今天有幾位同學没來?

35.22 我們這兒没有人會説日本話.

35.23 我有一個朋友在這所醫院裏當醫生.

35.24 這麽多事情你一個人做不了, 應該找個人幫你忙.

35.25 今天下課以前, 老師叫我們準備後天聽寫.

35.26 老師不許我們上課的時候説德文.

35.27 那位先生讓給你這個座位, 他讓你在這兒坐.

35.28 上回吃飯是你請我的, 這回你該讓我請你了.

35.29 去年我開始學中文以前, 好多人勸我不要學, 他
       們都説中文又難又没用處.

35.30 小毛怕一個人晚上上街, 老要別人陪她.

35.31 中國派了一位姓劉的當代表到聯合國去.

35.32 聯合國選出一位非洲的代表來當主席.

35.33 這個消息叫我很高興.

VOKABELN

35.41	聽寫	<u>tīngxiě</u>	V/S	ein Diktat schreiben; Diktat
35.42	當	<u>dāng</u> 102.8	V	als ... tätig sein
35.43	醫生	<u>yīsheng</u>	S	Arzt
35.44	讓	<u>ràng</u> 149.17	V	abtreten, nachgeben; lassen, veranlassen
35.45	座位	<u>zuòwei</u>	S	Sitzplatz
35.46	回	<u>huí</u>	S	Mal; 這回 diesmal, 上回 voriges Mal, 下回 nächstes Mal, ein anderes Mal , 一回 einmal
35.47	好	<u>hǎo</u>	Adv	gut, sehr, recht
35.48	勸	<u>quàn</u> 19.18	V	zureden, überreden, ermahnen
35.49	用處	<u>yòngchù</u> /141.5	S	Verwendung, Nutz: 有用(處) nützlich, 沒用(處) nutzlos
35.50	怕	<u>pà</u> 61.5	V	fürchten, sich fürchten, Angst haben
35.51	陪	<u>péi</u> 170.8	V	begleiten, jemandem Gesellschaft leisten
35.52	派	<u>pài</u> 85.6	V	(jemanden) schicken
35.53	代表	<u>dàibiǎo</u> 9.3/	V/S	vertreten; Vertreter, Delegierter, Abgeordneter (: ersetzen - ausdrücken)
35.54	聯合國	<u>liánhé-guó</u> 128.11/30.3/	E	Vereinte Nationen (: verbinden - schließen - Nation)
35.55	選	<u>xuǎn</u> 162.12	V	wählen
35.56	非洲	<u>fēizhōu</u> 175/85.6	E	Afrika (: Afrika - Kontinent)
35.57	主席	<u>zhǔxí</u> 3.4/50.7	S	Vorsitz, Vorsitzender (: Herr - Matte)

ÜBUNGSAUFGABE   翻譯

35.71 Mein Onkel erlaubt mir nicht, seinen Wagen zu fahren.

35.72 Mutter hat mich hierher geschickt, um den Schlüssel abzuholen.

35.73 Der Lehrer hat zwei Kommilitonen gebeten, einen großen Tisch in den Hörsaal zu tragen.

35.74 Können Sie jemanden finden, der mir beim Umzug hilft?

35.75 Ich fürchte, daß viele Delegierte nicht bereit sein werden,
       ihn zum Vorsitzenden zu wählen.

35.76 Seine Frau ließ mich kommen, um dich zu bitten, ihn zu über-
       reden, nach Hause zu kommen.

LEKTION 36   Aufforderungssätze

GRAMMATIK

36.01 Aussagesätze können durch entsprechende Intonation in Aufforderungssätze verwandelt werden (36.11).

36.02 Eine Bitte wird ausgedrückt durch 請 , das sowohl vor dem Prädikat als auch vor dem Subjekt stehen kann; im letzteren Fall
handelt es sich um einen Satz mit einem Doppelfunktionswort
(vgl. L.35), wobei das Subjekt des Satzes (我 oder 我們) in der
Regel entfällt (36.12).

36.03 Aufforderungssätze können durch Anhängen der Partikel 吧 ba höflicher gemacht werden: sie bewirkt einen vorschlagenden, freundlichen Ton. Die Satzintonation endet dann höher als gewöhnlich.

36.04 Verneinte Aufforderungssätze werden mit 別 bié bzw. 不要 bú
yào vor dem Prädikat gebildet (36.13/14).

MODELLSÄTZE

36.11 來, 你來, 你上這兒來.

36.12 請進來. 您請坐.

36.13 喝一杯茶吧, 別客氣.

36.14 上課了, 請大家不要説話了.

ÜBUNGSSÄTZE

36.21 大家請注意, 現在開始聽寫.

36.22 請你們先寫上日期和姓名.

36.23 請大家都寫漢字, 不要寫拼音.

36.24 老師, 請您慢一點兒説, 請説慢一點兒.

36.25 高先生, 這個句子我沒聽清楚, 請您再説一回吧.

36.26 好了, 現在大家都放下筆, 不要再寫了.

36.27 別怕, 只管説下去, 説錯了也不要緊.

36.28 起來吧, 不早了, 別睡了.

36.29 快, 快走吧, 不然就來不及了.

36.30 小心! 地下有水.

36.31 請您告訴我，這兒附近有沒有地下車站．

36.32 這口箱子太重，你拿不動，讓我來吧．

36.33 進門或者出門的時候，要是你想讓別人先走，你
      就説：「您先請」．

36.34 送客人走的時候，你可以説：「再見，再見！慢走，慢走！」

36.35 跟別人一塊兒吃飯的時候，要是你先吃完，你就
      説：「請慢用！」

VOKABELN

36.41	吧	ba 30.4	Pa	Satzpartikel (s. 36.03)
36.42	別	bié	Adv	nicht (s. 36.04)
36.43	注意	zhùyì 85.5/	V/S	beachten; Aufmerksamkeit (: eingies-sen - Gedanke)
36.44	日期	rìqī	S	Datum, Termin
36.45	漢	hàn	E	Dynastiename; China-; 漢人 Chinese; 漢字 chinesisches Schriftzeichen; 漢學 Sinologie
36.46	拼音	pīnyīn 64.6/	V/S	buchstabieren; Buchstabenschrift (: Zusammenfügen - Laut)
36.47	只管	zhǐguǎn	Adv	nur, ohne Bedenken; nur darauf ach-ten, daß ...
36.48	不然	bùrán 786.8	K	sonst, anderenfalls (: nicht - so sein)
36.49	來不及	láibùjí 7/29.2		die Zeit reicht nicht aus; zu spät zu etwas
36.50	小心	xiǎoxīn	Adj	vorsichtig, sorgfältig
36.51	地	dì	S	Erde, Boden; 地上 auf dem Boden; 地下 dìxià, unten auf dem Boden; dìxià, Untergrund

36.52	地下車	dìxià-chē	S	U-Bahn
36.53	箱子	xiāngzi 118.9/	S	Koffer, Kiste, Zw: 口 kǒu , 隻
36.54	來	lái	V	das tun (was bereits erwähnt ist) (vgl. 5.41)
36.55	要是	yàoshi	K	wenn, falls
36.56	再見	zàijiàn	V	wiedersehen, auf Wiedersehen

ÜBUNGSAUFGABE

翻譯

36.71 Gehen Sie bitte nach dem Unterricht nicht gleich weg; ich habe etwas mit Ihnen zu besprechen.

36.72 Entschuldigung! Ich möchte aussteigen; lassen Sie mich bitte vorbei.

36.73 Herr Fang ist heute nicht da; kommen Sie bitte morgen wieder.

36.74 Schlaf ruhig weiter; es ist noch sehr früh.

36.75 Geht nicht hinein, da ist Unterricht.

36.76 Es ist rot, geh' nicht hinüber.

36.77 Sollten Sie es nicht verstanden haben, sagen Sie mir bitte Bescheid.

LEKTION 37   Die Voranstellung des Objekts mit 把

GRAMMATIK

37.01 Wenn in einem Satz mit Verbalprädikat und direktem Objekt das
Prädikat eine Einwirkung auf das Objekt, also etwa die Veränderung dessen Zustands oder Standorts, zum Ausdruck bringt,
so kann dies betont werden, indem das Objekt mit Hilfe von 把
vor das Prädikat gestellt wird.
Weitere Voraussetzungen sind
a) daß das mit 把 vorangestellte Objekt ein bestimmtes ist
(vgl. 17.04) und
b) daß das Prädikat durch Komplemente oder Suffixe erweitert
ist oder ihm ein indirektes Objekt folgt.

37.02 Modalverben und Negationen stehen in der Regel vor 把 (37.12/15/
16); Adverbien, die nicht zur Negation dienen, können je nach dem
Sinn vor 把 oder vor dem Prädikat stehen (37.11/15/21/28).

37.03 把 findet besonders Anwendung bei durch Attribute erweiterten
Objekten (37.24/27) und bei Komplizierteren Prädikaten, vor allem
solchen, in denen ein erweitertes Komplement des Resultats (37.12/
16) oder Komplement der Richtung (37.13) enthalten ist.

37.04 Das Komplement der Möglichkeit wird im Satz mit 把 nicht verwendet.

MODELLSÄTZE

37.11 他把他的書都賣了.

37.12 他沒把信交給我，他把它放在你桌子上了.

37.13 我朋友把我的車開進城去了.

37.14 他們把酒喝完了.

37.15 請你別把窗戶完全關起來.

37.16 你能把這個句子翻譯成德文嗎?

ÜBUNGSSÄTZE

37.21 你已經把那封信寄出去了嗎?

37.22 對不起，我把這件事情完全忘了.

37.23 他把所有的生字都記住了.

37.24 糟糕！我把從圖書館借來的書弄丟了一本，怎麼辦？

37.25 誰把教室裏的桌椅老弄得這麼亂？

37.26 咱們大家把桌椅擺整齊吧.

37.27 昨天晚上風把宿舍前頭的那棵老樹吹倒了.

37.28 今天咱們一定得把這個問題解決.

37.29 他本來在歐洲，去年他的公司把他派到非洲去了.

37.30 把下面的句子改成問句.

VOKABELN

37.41	把	bǎ	V	ergreifen; Hilfsverb zur Voranstellung von Objekten vor das Prädikat
37.42	忘	wàng 61.3	V	vergessen
37.43	記	jì 149.3	V	sich etwas einprägen, auswendig lernen; vermerken, Notizen machen
37.44	糟糕	zāogāo 119.11/119.10	Adj	dumm, schlecht; was für ein Pech!
37.45	丟	diū 4.5	V	verlieren, verloren gehen; werfen
37.46	辦	bàn 160.9	V	erledigen, ausführen, tun; 怎麼辦 was tun?
37.47	亂	luàn 5.12	Adj	durcheinander, unordentlich
37.48	擺	bǎi 64.15	V	aufstellen
37.49	整齊	zhěngqí 66.12/210	Adj	ordentlich
37.50	風	fēng 182	S	Wind, Zw: 陣 zhèn 170.7
37.51	吹	chuī 30.4	V	blasen, wehen
37.52	倒	dǎo 9.8	V	fallen, stürzen; um- (als Komplement des Resultats)
37.53	解決	jiějué /85.4	V	lösen, erledigen (: lösen - entscheiden)

37.54	本來	běnlái	Adv	ursprünglich, eigentlich, in Wirklichkeit
37.55	歐洲	ōuzhōu 76.11/	E	Europa
37.56	公司	gōngsī 12.2/30.2	S	gewerbliche Gesellschaft, Firma, Zw: 家 (:gemeinschaftlich - verwalten)
37.57	問句	wènjù	S	Fragesatz

ÜBUNGSAUFGABE

請把下面的句子改成用「把」字的句子：

37.71 我桌上的那本雜誌誰拿去了？

37.72 這些問題他都解釋得很明白.

37.73 不做好這個練習我不睡覺.

37.74 天氣暖和起來了，冬天的衣服可以收起來了.

37.75 那封信我已經送到郵局去了.

37.76 父親已經給我寄來了買書的錢.

37.77 這篇文章是張先生翻譯成中文的.

37.78 請大家打開錄音機，放上錄音帶，戴上耳機；
咱們要開始練習了.

LEKTION 38   Das Passiv

GRAMMATIK

38.01 Ein Verb kann ohne weiteres in passivem Sinn verwendet werden, wenn dies von seiner Bedeutung her möglich ist und aus dem Zusammenhang deutlich hervorgeht (38.11).

38.02 Wenn der passivische Charakter des Prädikats eindeutig gemacht werden soll, wird 被 bèi, 讓 ràng oder 叫 jiào vor das Wort gestellt, das die verursachende Person oder Sache bezeichnet (38.12/13/14). In der gesprochenen Sprache werden 叫 und 讓 häufiger verwendet als 被.

38.03 Wenn die verursachende Person oder Sache nicht erwähnt wird, kann allein durch die Verwendung von 被 vor dem Prädikat auf dessen passivischen Charakter hingewiesen werden (38.15).

38.04 Wie beim Gebrauch von 把 ist bei der Verwendung von 讓, 叫 und 被 ein zusätzliches Element hinter dem Verb erforderlich (vgl. 37.01); Negationen und Modalverben stehen wie dort direkt davor (vgl. 37.02); Verwendung des Komplements der Möglichkeit ist, mit Ausnahme von idiomatischen Wendungen (S.38.24), i.a, ausgeschlossen (vgl. 37.04).

38.05 In Sätzen mit 讓, 叫 oder 被 kann ein zusätzliches 給 vor das Verb gestellt werden, um ihm Nachdruck zu verleihen

(38.29: 2. Satz).

MODELLSÄTZE

38.11 這個字寫錯了.

38.12 我的車叫人借去了.

38.13 他的書讓我弄丟了.

38.14 酒沒被他們喝完.

38.15 那個中國學生是被派來學習的.

ÜBUNGSSÄTZE

38.21 這個句子還沒改對.

38.22 他讓朋友請去吃飯了.

38.23 他寫的小説兒已經出版了, 是文學出版社出版的.

38.24 你勸他別那麼做, 那會叫人看不起的.

38.25 這本來不是他的錯, 他不應該被批評.

38.26 人家把他騙了, 可是他不承認自己被騙了.

38.27 有一位非洲代表被選出來當今年的聯合國主席.

38.28 你今天理了髮了，是不是？

很漂亮．你看，漂亮不漂亮？

很漂亮．在哪家理髮館理的？

是我太太給我剪的．

38.29 小方的弟弟撞傷了．

糟糕！叫甚麼給撞的？

還不是汽車．

傷得重不重？

他昏過去了很久，被送到醫院以後才醒過來．

流了不少血嗎？

沒有，外邊兒只有一點兒輕傷；大概內部受的傷很重．

VOKABELN

38.41	被	bèi 145.5	V	Hilfsverb für das Passiv (: decken, zudecken)
38.42	社	shè 113.3	S	Verein, Gesellschaft; 出版社 Verlag, 旅行社 Reisebüro, Zw: 家, 所
38.43	批評	pīpíng 64.4/149.5	V/S	kritisieren; Kritik (:analysieren - beurteilen)
38.44	騙	piàn 187.9	V	schwindeln, betrügen; 騙子 Betrüger
38.45	承認	chéngrèn 64.4/	V	zugeben, eingestehen, bekennen, anerkennen (: akzeptieren - erkennen)
38.46	理髮	lǐfà 96.7/190.5	V	Haar schneiden, frisieren (: in Ordnung bringen - Kopfhaar); 頭髮 Kopfhaar; 理髮館 Frisiersalon
38.47	剪	jiǎn 18.9	V	scheren, schneiden (mit einer Schere) 剪子 Schere, Zw: 把
38.48	撞	zhuàng 64.12	V	stoßen
38.49	傷	shāng 9.11	V/S	verletzen, verwunden; Verletzung, Wunde
38.50	還不是	hái bú shi		was sonst anderes als ...

38.51	流	liú 85.7	V	fließen
38.52	血	xiě,xuè 143	S	Blut
38.53	輕	qīng 159.7	Adj	leicht, geringfügig (Gegensatz zu 重); 年輕 jung
38.54	內部	nèibù 11.27	S	das Innere, innen (: innerer - Teil)
38.55	受	shòu 29.6	V	in Empfang nehmen, erleiden, ertragen; 受傷 verwundet werden

ÜBUNGSAUFGABE

請把下面的句子改寫成用 ｢叫｣、｢讓｣或者｢被｣字的句子：

38.71 - 78	37.14	37.21	37.22	37.23	37.24
	37.25	37.27	37.29		

LEKTION 39   Die Fragepartikel 呢

<u>GRAMMATIK</u>

39.01 Die Partikel 呢 <u>ne</u> wird an Fragesätze angehängt, die an einen
sprachlichen oder außersprachlichen Kontext anschließen und in
denen keine andere Fragepartikel vorhanden ist.

39.02 Sie wird häufig in Fragen verwendet, die nicht voll ausformu-
liert zu werden brauchen, weil der nicht ausformulierte Teil
aus dem Kontext heraus verständlich ist.

39.03 Alternative Fragen können auch in folgender Weise gebildet werden: jeder Alternative wird ein (還) 是 voran-, ein 呢 nach-
gestellt. Möglichkeiten der Abkürzung sind z.B.:

還是你來呢，還是我來呢？	你還是來呢，還是不來呢？
是你來呢，還是我來　？	你　是來呢，還是不來　？
你來　　還是我來呢？	你　是來　　是不來呢？
你來　　　是我來　？	你　　來　　是不來　？
你來　　　我來　？	你　　來　　不來呢？

In komplizierteren Sätzen wird das 還是 vor der letzten Alternative nicht weggelassen. (Zu 還是 vgl. 25.21 und 25.41.)

<u>MODELLSÄTZE</u>

39.11　這本書是你的；那本呢？　（那本也是你的嗎？
那本不是你的嗎？那本是誰的呢？）

39.12　他不會中文；日文呢？　（他會不會日文呢？他
也不會日文嗎？）

39.13　老張呢？他不在這兒嗎？他說他在這兒等我的．
他為甚麼不在這兒呢？

39.14　你還是想先學中文呢，還是想先學日文呢？

39.15　中文難還是日文難呢？

<u>ÜBUNGSSÄTZE</u>

39.21.1　你喝甚麼？咖啡呢，還是茶？

39.21.2　我來杯咖啡吧．

39.21.3　要牛奶不要？

39.21.4 少加一點兒吧.

39.21.5 糖呢?

39.21.6 不要, 謝謝你.

39.22.1 我的漢德字典丟了. 沒字典用真不方便.

39.22.2 你可以先把我的拿去用.

39.22.3 你自己呢? 我把你的拿去了, 你用甚麼呢?

39.22.4 我嗎? 不要緊, 我還有一本漢英字典可以用. 等你找着了你的那本或者買了一本新的以後再還我吧.

39.23.1 明天我請你去看戲, 好不好?

39.23.2 當然好了. 看甚麼戲呢?

39.23.3 你愛聽京戲嗎? 上海京劇團從明天起在首都劇場演出. 我已經買了兩張票了.

39.23.4 好極了, 我很喜歡京戲. 那麼咱們明天怎麼去呢? 是你來找我還是我去找你呢?

39.23.5 我想我下班以後就到你這兒來. 我請你出去吃晚飯, 吃過了飯就去聽戲. 你說好不好?

39.23.6 好的. 不過你請我看戲, 就讓我請你吃飯吧.

VOKABELN

39.41	呢	ne 30.5	Pa	Fragepartikel
39.42	牛奶	niúnǎi 93/38.2	S	(Kuh-)Milch (: Rind - Milch)
39.43	糖	táng 119.10	S	Zucker, Zuckerwerk
39.44	漢德	hàn-dé	Adj	chinesisch-deutsch
39.45	方便	fāngbian	Adj	bequem, günstig

39.46	漢英	hàn-yīng	Adj	chinesisch-englisch

39.47 戲 xì S Schauspiel, Drama, Theater, Oper; Zw:
$\overline{62.13}$ 齣 chù
$\overline{211.5}$

39.48 當然 dāngrán Adv selbstverständlich, natürlich, ohne
Frage (: müssen - so sein)

39.49 愛 ài V/MV lieben, gern haben; gern mögen
$\overline{61.9}$

39.50 京戲 jīngxì S Peking-Oper

39.51 上海 shànghǎi E Stadtname: Schanghai (: oben - Meer)
$\overline{/85.7}$

39.52 京劇 jīngjù S Peking-Oper
$\overline{/18.13}$

39.53 團 tuán S Gruppe; 上海京劇團 Schanghaier
$\overline{31.11}$ Peking-Oper-Ensemble

39.54 首都 shǒudū S Hauptstadt (: Haupt - Großstadt)
$\overline{185/}$

39.55 劇場 jùchǎng S Theater, Schauspielhaus, Zw: 所, 座;
$\overline{/32.9}$ 首都劇場 Theater 'Hauptstadt'

39.56 演出 yǎnchū V/S aufführen, vorführen; Aufführung, Dar-
$\overline{85.117}$ bietung

39.57 班 bān S Klasse, Gruppe, Arbeitsschicht, Dienst
$\overline{96.6}$ (ohne Zw); 上班 an die Arbeit gehen;
下班 Feierabend machen

39.58 不過 búguò K aber, allerdings, jedoch

ANMERKUNG

39.61 In unmittelbarem Anschluß an einen Satz kann eine Frage durch
Anhängen von 嗎 an ein einzelnes Wort gebildet werden. In
39.22.4 entspricht "我嗎?" etwa:" 你説我嗎?" oder "你説我
用甚麼嗎?"

ÜBUNGSAUFGABE

Stellen Sie im Anschluß an die folgenden Sätze jeweils eine kurze
Frage mit 呢 und beantworten Sie sie entsprechend.

39.71 我不喜歡這件衣服.

39.72 他的汽車撞壞了.

39.73 我今天下午沒空兒.

39.74 一個人搬不動這張大桌子.

39.75 這件事明天開始做怕來不及.

LEKTION 40   Die Partikel 吧

GRAMMATIK

40.01 Wird die Partikel 吧 an einen Aussagesatz angehängt, so wird eine Vermutung zum Ausdruck gebracht (40.14).

40.02 'Aussagesatz + 吧 ' kann auch als Frage verwendet werden; der Sprecher bringt damit in fragendem Ton eine Annahme zum Ausdruck und erwartet eine bestätigende Antwort (40.11/12/13).

40.03 In beiden Fällen ist die Satzintonation tiefer als gewöhnlich.

40.04 Bei Aufforderungssätzen (36.03) bewirkt das Anhängen von 吧 einen vorschlagenden, freundlichen Ton (40.13).

MODELLSÄTZE

40.11 這是你的書吧？
  對了，這是我的書．

40.12 你現在還不走吧？
  不走．

40.13 你有問題吧？你說吧．

40.14 他今天大概不會來吧．

ÜBUNGSSÄTZE

40.21 他們到現在還沒來，可能忘了吧．

40.22 這件事這麼辦恐怕不對吧．

40.23 他這兩天沒來上課，也許是病了吧．
  不見得吧．前天我還看見他了．他很忙，好像有
  甚麼特別要緊的事情．

40.24 今年夏天你又要出去旅行了吧？這回上哪兒去呢？
  今年我到亞洲去．你對亞洲的情況很了解，請你
  講一些給我聽吧．

40.25 你餓了吧？吃點兒東西吧．
  我不餓，就是有點兒渴．

那麼就喝茶吧.

茶太麻煩. 你有啤酒吧? 我就喝啤酒吧.

VOKABELN

40.41	吧	ba	Pa	(s.40.01-04)
40.42	恐怕	kǒngpà 61.6/	Adv	vielleicht, wahrscheinlich (: befürchten - Angst haben)
40.43	也許	yěxǔ	Adv	vielleicht, möglicherweise
40.44	不見得	bújiànde		es sieht nicht so aus; unwahrscheinlich
40.45	(好)像	(hǎo)xiàng /9.12	V	scheinen, ähnlich sein
40.46	特別	tèbié 93.6/	Adj/Adv	sonderbar, speziell; besonders (: hervorragend - unterscheiden)
40.47	夏天	xiàtian 35.7/	S	Sommer
40.48	亞洲	yàzhōu 7.6/	E	Asien
40.49	對	duì	V	gegenüberstehen; gegenüber, über, zu
40.50	情況(况)	qíngkuàng /85.5(15.5)	S	Lage, Verhältnisse, Umstände
40.51	了解	liǎojiě	V/S	verstehen, begreifen; Verständnis
40.52	餓	è 184.7	Adj/V/S	hungrig sein, Hunger haben; Hunger
40.53	渴	kě 85.9	Adj/V/S	durstig sein, Durst haben; Durst
40.54	麻煩	máfan 200/86.9	Adj/V	umständlich, lästig; belästigen (: Hanf - ärgern)
40.55	啤酒	píjiǔ 30.8/	S	Bier

ÜBUNGSAUFGABE

把下面的句子翻譯成中文（用「吧」字）：

40.71 Ihr geht ins Kino, nicht wahr? - Ja.

40.72 Herr Zhang hat heute wohl nichts vor, nicht wahr ? -
Ja, heute hat er Zeit.

40.73 Chinesisch ist sicher eine sehr schwierige Sprache, nicht wahr?-
Das stimmt. Chinesisch ist nicht ganz leicht, aber auch nicht
allzu schwer.

40.74 Diese Sätze sind wohl nicht ganz richtig, oder? - Sie sind
vollkommen falsch.

40.75 Sie mögen die Peking-Oper doch auch gern.

40.76 Die Bäume sind wahrscheinlich gestern vom Wind umgeweht worden.

40.77 Er hat möglicherweise innere Verletzungen davongetragen.

LEKTION 41   Die Partikel 啊

GRAMMATIK

41.01 Aussagesätze können allein durch die Intonation zu Fragesätzen
       werden;ihnen wird dann häufig die Partikel 啊 a angehängt(41.13).

41.02 An Fragesätze, in denen keine andere Fragepartikel vorhanden
       ist,kann ebenfalls die Partikel 啊 angehängt werden(41.12/14/15).

41.03 Mit Hilfe von 啊 können Sprechpausen im Satz markiert werden,
       die zum Nachdenken des Sprechers dienen (41.15) oder auch die
       Aufmerksamkeit auf die unmittelbar vor 啊 stehenden Satzteile
       lenken sollen (41.16).

41.04 Die Partikel 啊 wird auch bei Anreden (41.11) oder in Auffor-
       derungssätzen, wenn nicht schon 吧 (vgl. 36.03) steht, ver-
       wendet (41.11/12).

41.05 In der Aussprache paßt sich 啊 a an den Auslaut der vorange-
       henden Silbe an; es wird
       wie na nach den Silben mit einem auslautenden -n;
       wie nga nach den Silben mit einem auslautenden -ng;
       wie wa nach den Auslauten -ao, -iao, -u, -ou, -iou;
       wie ra nach den Silben zhi, chi, shi, ri, er sowie dem auslau-
           tenden -r;
       wie sa (mit stimmhaftem s) nach den Silben zi, ci, si; und
       wie ya nach den übrigen Auslauten gesprochen, wobei nach e
           auch a möglich ist.

MODELLSÄTZE

41.11 老張啊，快來啊！

41.12 你看啊，這是甚麼啊？

41.13 這是你的書啊？

41.14 是不是一本小説兒啊？

41.15 這個字你認識不認識啊？
       這個字啊，這個字我不認識．

41.16 這個人啊，他啊，真是個好人．

ÜBUNGSSÄTZE

41.21.1 喂！您早．我姓方啊．請問牛先生在不在家啊？

41.21.2 他不在家啊．他甚麼時候回來啊？

41.21.3 啊，他晚上才回來啊．您是牛太太吧？

41.21.4 謝謝您，我沒有甚麼特別要緊的事．我晚上再
         打電話過來吧．

41.21.5 謝謝, 謝謝! 再見, 再見!

41.22.1 喂, 我是方大中啊.

41.22.2 啊, 老牛啊, 你好吧?

41.22.3 好, 我也好.

41.22.4 我早上跟你太太說了, 沒甚麼要緊的事. 我說
今天世界日報的社論你看沒看啊?

41.22.5 你沒看啊. 這篇社論啊, 談的是亞洲和平的問
題; 可是作者啊, 好像對中國的情況很不了解.

41.22.6 比方說啊, 他說中國人啊, 只要有飯吃, 有衣
服穿, 有房子住就够了. 他說中國人從來就沒
有自由, 也不需要自由. 這不簡直是笑話嗎?

41.22.7 另外還有些地方我不同意, 等你看了以後, 咱
們再來討論吧.

41.22.8 怎麼? 你沒有世界日報啊. 這好辦, 我把我的
剪下來寄給你吧.

41.22.9 很方便, 一點兒也不麻煩.

41.22.10 不謝, 不謝! 我謝謝你的電話. 再見, 再見!

VOKABELN

41.41	啊	$\frac{a}{30.8}$	Pa/I (s.41.01-05)
41.42	喂	$\frac{wei}{30.9}$	I hallo!
41.43	請問	qǐngwèn	erlauben Sie mir bitte eine Frage
41.44	世界	$\frac{shìjiè}{1.4/102.4}$	S Welt
41.45	日報	rìbào	S Tageszeitung
41.46	社論	$\frac{shèlùn}{/149.8}$	S Leitartikel (: Verlag - Besprechung) Zw: 篇

41.47	談	tán 149.8	V	besprechen, reden, sich unterhalten, plaudern
41.48	和平	hépíng /51.2	S/Adj	Friede; friedlich (: harmonisch - eben)
41.49	作者	zuòzhě 9.5/	S	Autor, Verfasser (Schaffen - -er)
41.50	比方	bǐfāng 81/	S/V	Vergleich, Beispiel; zum Beispiel
41.51	從來	cónglái	Adv	von jeher, von Anfang an; verneint: niemals
41.52	需要	xūyào 173.6/	V/S	bedürfen, benötigen; Bedarf, Nachfrage
41.53	簡直	jiǎnzhí 118.12/109.3	Adv	geradezu, einfach (: einfach - gerade)
41.54	另外	lìngwài	Adj/Adv	andere; außerdem, übrigens
41.55	同意	tóngyì	V	zustimmen, einverstanden sein
41.56	討論	tǎolùn 149.3/	V/S	besprechen, erörtern, diskutieren; Diskussion

ÜBUNGSAUFGABE

這一課的練習句子都是方大中在打電話的時候說
的話. 他打了兩回電話, 先跟牛太太說話, 後跟
牛先生說話. 咱們只聽見了方大中說的, 沒聽見
牛太太跟牛先生的話. 現在我們想知道他們說了
些甚麼, 你能告訴我們嗎?
請你把它寫出來.
注意: 牛先生在打電話的時候應該說出他自己的
　　　名字來. 請你給他一個名字吧.

LEKTION 42 Das Zählwort des Verbs

GRAMMATIK

42.01 Mit Hilfe des Zählwortes für Verben wird zum Ausdruck gebracht, wie oft eine Handlung vorgenommen wird.

42.02 Die Häufigkeitsangabe 'Nu + Zw(des Verbs)' steht hinter dem Prädikat.
Wenn ein Prädikat wiederaufgenommen wird, wie z.B. in 42.15, steht die Häufigkeitsangabe in Verbindung mit diesem zweiten Prädikat.

42.03 Besonders zu beachten ist die Stellung des Objekts.
Objekte, die bestimmte Personen bezeichnen oder Personalpronomen sind, stehen zwischen Prädikat und Häufigkeitsangabe (42.16).
Andere Objekte: unbestimmte Objekte stehen hinter 'Prädikat + Häufigkeitsangabe' (42.11/12); bestimmte Objekte werden vorangestellt (42.13/14).

MODELLSÄTZE

42.11 我們一個星期有三次中文課.

42.12 昨天我給你打了兩回電話，你都不在家.

42.13 這本書我看了兩遍.

42.14 請你把這個句子再念一遍.

42.15 我看這本書看了兩遍.

42.16 昨天他找了你三次.

ÜBUNGSSÄTZE

42.21 他每個月到柏林去兩次，每次都坐飛機.

42.22 上回到柏林我是坐飛機去的，這回我想坐火車了.

42.23 我昨天進了兩趟城，來回一共坐了四趟地下車.

42.24 請你告訴老方一聲兒，叫他明天來找我一趟.

42.25 你不喜歡這種茶嗎？為甚麼你只喝了一口就不喝了呢？

42.26 他看了我一眼，我馬上知道我說錯了話了.

42.27 鐘敲了五下兒.

42.28 我敲了好多下兒門，你都沒聽見嗎？

42.29 我上不來，你快拉我一下兒吧.

42.30　我祖父經過了兩次世界大戰，他希望世界上永遠不再有戰爭了.

VOKABELN

42.41	次	cì 76.2	Zw	Zw f. V: -mal
42.42	遍	biàn 162.9	Zw	Zw f.V wie 看，念，聽，説，講 usw.: -mal (durch)
42.43	每	měi 80.3	DPr	jede(r, s)
42.44	趟	tàng 156.8	Zw	Zw f.V wie 來，去，走 usw.: -mal (unterwegs)
42.45	來回	láihuí	S	Hin- und Rückfahrt
42.46	聲(兒)	shēng(r)	Zw	Zw f.V wie 説，叫，告訴 usw.: -mal (Laut)
42.47	種	zhǒng	S/Zw	Samen, Gattung, Rasse; Zw f.S: Art
42.48	口	kǒu	S/Zw	Mund, Öffnung; Zw f.V wie 吃，喝，usw. i.S.v. Schluck, Bissen
42.49	眼	yǎn 109.6	S/Zw	Auge; Zw f.V wie 看 :Blick
42.50	敲	qiāo 66,10	V	klopfen, schlagen
42.51	下兒	xiàr	Zw	Zw f.V: -mal (Schlag)
42.52	拉	lā 64.5	V	ziehen, schleppen
42.53	祖父	zǔfù 113.5/	S	Großvater (des Vaters Vater)
42.54	經過	jīngguò	V	vorbeigehen, durchmachen, erleben
42.55	永遠	yǒngyuǎn 85.1/	Adj	ewig, für immer (: ewig - weit)
42.56	戰爭	zhànzhēng 62.12/87.4	S	Krieg, Zw: 場，次 (: Krieg - Streit); 世界大戰 Weltkrieg

ÜBUNGSAUFGABE

Ergänzen Sie die folgenden Sätze mit einem Zählwort des Verbs:

42.71 今天我到郵局去了兩 ___.

42.72 明天早上我怕我起不來，你能不能叫我一 ___ 啊？

42.73 對不起，你說甚麼？我沒聽清楚．再說一 ___ 吧．

42.74 老師，「鑰匙」的「鑰」字怎麼寫？請您在黑板上再寫一 ___ 吧．

42.75 請你到圖書館去一 ___，把漢德詞典拿來．

42.76 你不懂這個句子啊？再看一 ___ 你也許就懂了．

42.77 這個茶杯太小，只夠我喝一 ___.

42.78 老師敲了一 ___ 桌子，說：「大家注意！」

42.79 請你等一 ___，我去和劉先生說一 ___「再見」．

42.80 他在電梯裏抽烟，大家都看了他一 ___.

<u>LEKTION 43</u>   Der Aspekt der unbestimmten Vergangenheit:
das Suffix 過

GRAMMATIK

43.01 Das Suffix 過 guo wird an ein Verb angehängt, um den Aspekt
der unbestimmten Vergangenheit zu bezeichnen; es zeigt an, daß
die betreffende Handlung schon mindestens einmal stattgefunden
hat (deutsch:schon (ein)mal geschehen sein/ etwas getan haben).

43.02 In einer Konstruktion, die ein Komplement des Resultats oder
ein Komplement der Richtung enthält, steht 過 hinter dem Komplement.

43.03 Die Verneinung erfolgt durch 沒(有) vor dem Verb; 過 entfällt dabei nicht - im Gegensatz zu 了 beim Aspekt der Vollendung (vgl. L.22).

MODELLSÄTZE

43.11 這本書我看過兩遍.

43.12 我沒見過張先生.

43.13 你到過中國沒有?

43.14 今年我還沒回家去過.

43.15 這家書店我進去過，可是沒買書.

ÜBUNGSSÄTZE

43.21 我從來沒牙疼過.

43.22 你們兩位還沒見過吧? 讓我來給你們介紹一下
兒吧: 這位是方大中，這位是毛小英.

43.23.1 你吃過中國飯沒有?

43.23.2 吃過了. 我剛吃過中飯. 我就是從食堂來的.

43.23.3 不是說「中飯」;我是問你，你吃沒吃過「中國飯」.

43.23.4 中國飯啊，我常吃. 我非常愛吃中國飯.

43.23.5 車站那兒新開了一家中國飯館兒. 你吃過沒有?

43.23.6 我吃過一回. 還不錯.

43.23.7 咱們明天一塊兒去吃晚飯，好不好? 我請你.

43.23.8 好極了.

43.24.1 聽説你去年到中國去過一趟, 是嗎?

43.24.2 是啊, 我去年春天去的.

43.24.3 你都到了些甚麼地方?

43.24.4 我這次旅行時間很短, 只到了廣州跟北京兩處.

43.24.5 你以前也到過中國嗎?

43.24.6 我戰前在中國住過三年.

43.24.7 你住在甚麼地方?

43.24.8 那時候我住在上海, 可是常常到南京, 北京, 天津, 青島這些地方去.

43.24.9 你也到過東北嗎?

43.24.10 東北是個好地方, 可惜我沒去過. 那時候東北的情況很特別, 到那兒去很麻煩, 所以我沒去.

VOKABELN

43.41	過	guo	Sx	Verbalsuffix zum Aspekt der unbestimmten Vergangenheit
43.42	介紹	jièshào 9.2/120.5	V	vorstellen, bekannt machen, vermitteln (: dazwischenliegen - knüpfen)
43.43	中飯	zhōngfàn	S	Mittagessen
43.44	食堂	shítáng 184/	S	Speisesaal, Mensa
43.45	非常	fēicháng	Adj/Adv	außergewöhnlich, äußerst (: nicht - gewöhnlich)
43.46	聽説	tīngshuō	V	gehört haben, erfahren, von Hörensagen
43.47	春天	chūntian 72.5/	S	Frühling
43.48	時間	shíjiān	S	Zeit, Dauer

43.49	廣州	guǎngzhōu 53.11(12)/47.3	E	Stadtname: Canton (: geräumig - Prä-fektur)
43.50	處	chù	S/Zw	Ort, Platz, Stelle; Zw für Orte, Stellen, etc.
43.51	戰前	zhànqián	S	Vorkriegszeit, vor dem Krieg
43.52	天津	tiānjīn /85.6	E	Stadtname: Tientsin (: Himmel - Furt)
43.53	青島	qīngdǎo /46.7	E	Stadtname: Tsingtao (: grün - Insel)
43.54	東北	dōngběi	S/E	Nordosten; Nordostchina - die Mandschurei
43.55	可惜	kěxī /61.8	Adj/Adv	bedauernswert, leider; schade, daß... (: können - bedauern)
43.56	所以	suǒyǐ	K	deshalb, deswegen, daher, darum

ÜBUNGSAUFGABE
翻譯

43.71 Kennen Sie dieses Buch?

43.72 Kennst du diesen Witz schon?

43.73 Ich habe einmal mit ihm zusammen in der Stadt gegessen.

43.74 Ich habe früher ein bißchen Japanisch gelernt, nun habe ich es völlig vergessen.

43.75 Dieses Zeichen kommt mir bekannt vor, ich kann es aber nicht mehr aussprechen.

43.76 Herr Lehrer, ich fürchte, daß wir dieses Zeichen noch nicht gelernt haben.

43.77 Meine Mutter hat nie meinetwegen Kopfschmerzen gehabt.

43.78 Der alte Mann, der während des Krieges zweimal schwer verwundet gewesen ist, will keinen Krieg mehr.

43.79 Ich habe bereits ein paarmal mit ihr telefoniert, persönlich kennengelernt habe ich sie allerdings noch nicht.

LEKTION 44   Die Verdoppelung des Verbs

GRAMMATIK

44.01 Die Verdoppelung des Verbs kann zwei Funktionen haben:
   a) Abschwächung der Intensität der Handlung (deutsch oft 'mal',
      'mal eben');
   b) Hinweis auf kurze Dauer der Handlung.
   In diesem Sinne wird ein verdoppeltes Verb hauptsächlich in Auf-
   forderungen verwendet; nur dann kann es alleiniges Prädikat sein.

44.02 Die Bildung der verdoppelten Form erfolgt durch Wiederholung
   des betreffenden Verbs im neutralen Ton (44.11). Bei zweisilbigen Verben kann die erste Silbe bei der Wiederholung im Ton
   gesprochen werden (44.14/15).

44.03 Bei Verb-Objekt-Konstruktionen und Verben, die ursprünglich
   Verb-Objekt-Konstruktionen sind, z.B. 幫忙 , wird lediglich
   das Verb verdoppelt (44.16).

44.04 Beim vollendeten Aspekt steht 了 unmittelbar hinter dem ersten
   Verb (44.17).

44.05 Bei der Verdoppelung einsilbiger Verben kann 一 eingeschoben
   werden (44.12/13/17).

44.06 Ein verdoppeltes Verb mit einem angehängten 看 , oft im neutralen Ton, bedeutet etwa 'einmal versuchen zu ...' (44.18).

44.07 Modalverben werden nicht verdoppelt. Verben mit einem Komplement werden normalerweise auch nicht verdoppelt.

MODELLSÄTZE

44.11 你看看我寫的這個句子對不對.

44.12 錯的地方請你給我改一改.

44.13 你在這兒等一等，我去去就來.

44.14 咱們休息休息吧.

44.15 這個問題我還不太明白，請您再解釋解釋吧.

44.16 我問他：「你能不能幫幫我這個忙？」

44.17 他想了想，對我笑了一笑，說：「對不起，這個忙我幫不了.」

44.18 你穿這件衣服一定漂亮得很；你穿穿看.

ÜBUNGSSÄTZE

44.21 天氣這麼好，咱們出去走走，散散步吧.

44.22 時間過得真快，做了做練習，看了看報，天就黑了.

44.23 這是一種很好的綠茶，你不喝一口嘗嘗嗎？

44.24 你猜猜看，我手裏有甚麼東西.

44.25 這件衣服我已經試了一試，可惜太小了．

44.26 夏天快到了，關於旅行的事咱們得計畫計畫了．

44.27 這個工作很有意思，你為甚麼不肯做？

不是我不肯，我怕做不好．

你還沒有做過，怎麼知道做不好呢？你應該先試一試．

好吧，讓我試試看．

44.28 下星期有一個考試．請大家準備準備，把文法復習復習．

44.29 我覺得這個問題很有意思，值得研究研究．

44.30 這是我的研究計畫，請你看一看，並且不客氣地批評批評．

44.31 這件事情很複雜，我得考慮考慮，現在還不能做決定．

VOKABELN

44.41	散步	sànbù 66.8/77.3	V	spazierengehen (: zerstreuen - Schritt)
44.42	嘗	cháng 30.11	V	kosten, schmecken
44.43	猜	cāi 94.8	V	vermuten, raten
44.44	試	shì 149.6	V	versuchen, probieren
44.45	關於	guānyú	V	betreffen; betreffs, über, hinsichtlich (: schließen - auf)
44.46	工作	gōngzuò 48/	S	Arbeit
44.47	肯	kěn 130.4	MV	bereit sein
44.48	計畫	jìhuà 149.2/	V/S	vorhaben, planen; Plan, Planung (: rechnen - zeichnen)

44.49	考試	<u>kǎoshì</u> 125.o/	S/V	Examen; Prüfung abhalten, Klausur schreiben (: prüfen - probieren)
44.50	復習	<u>fùxí</u> 60.9/	V/S	wiederholen (lernen), repetieren; Wiederholung (: wieder - üben)
44.51	值得	<u>zhíde</u> 9.8/	V	sich lohnen, wert sein
44.52	研究	<u>yánjiū</u> 112.6/116.2	V/S	forschen; Forschung (: mahlen - untersuchen)
44.53	並且	<u>bìngqiě</u> 1.7/1.4	K	und, ferner, außerdem (: Schulter an Schulter - überdies)
44.54	複雜	<u>fùzá</u> 145.9/	Adj	kompliziert (: vielfach - divers)
44.55	考慮	<u>kǎolǜ</u> /61.11	V/S	nachdenken, erwägen, überlegen; Überlegung, Erwägung (: prüfen - nacḥ denken)
44.56	決定	<u>juédìng</u>	V/S	entscheiden, beschließen; Entscheidung (: entscheiden - bestimmen)

ÜBUNGSAUFGABE

Schreiben Sie die folgenden Sätze unter Verwendung verdoppelter
Verben um:

44.71-78   42.72   42.73   42.74   42.76   42.78
            42.79   42.80   43.22

LEKTION 45   Die Verdoppelung des Adjektivs

<u>GRAMMATIK</u>

45.01 Eine Intensivierung des Adjektivs kann durch eine Verdoppelung
      erreicht werden: der Ausdruck wird dadurch lebendiger.

45.02 Verdoppelte Adjektive können als Attribute, Adverbialbestim-
      mungen und Komplemente des Grades verwendet werden; sie können
      nicht allein das Prädikat stellen (vgl.45.12).

45.03 Bei der Verdoppelung zweisilbiger Adjektive werden beide Sil-
      ben einzeln wiederholt, z.B. 高高興興 (vgl. 44.02). Bei verdop-
      pelten Adjektiven wird die letzte Silbe in der Regel im ersten
      Ton ausgesprochen; die zweite und dritte Silbe bei verdoppelten
      zweisilbigen Adjektiven können im neutralen Ton ausgesprochen
      werden: <u>gaogaoxingxīng</u>.

45.04 An die letzte Silbe eines verdoppelten Adjektivs kann 兒 <u>-r</u>
      angehängt werden; das Hilfswort 的 bzw. 地 findet dabei häufig
      Verwendung.

45.05 Verdoppelte Adjektive können nicht durch Adjektive oder Adver-
      bien weiter modifiziert werden.

<u>MODELLSÄTZE</u>

45.11 這本厚厚的書是誰的?

45.12 你的大衣厚厚兒的, 一定很暖和.

45.13 大家都在圖書館裏安安靜靜地看書.

45.14 他做的練習老是寫得乾乾淨淨的.

45.15 你慢慢兒地說, 別着急.

<u>ÜBUNGSSÄTZE</u>

45.21 這架錄音機昨天還是好好兒的, 怎麽今天就壞了呢?

45.22 咱們明天都早早兒地來, 好好兒地討論討論這個問題.

45.23 老師把問題解釋得清清楚楚, 明明白白, 大家都懂了.

45.24 我現在就想喝一杯熱熱兒的咖啡.

45.25 喝了熱咖啡以後, 肚子裏暖暖和和兒的, 真舒服.

45.26 那麽厚厚兒的一本書, 他一天就看完了.

45.27 他慢慢兒地開了門, 輕輕地走進屋裏去.

45.28 我吃過一種水果，酸酸的，甜甜的，有一點兒鹹，又有
一點兒苦，很好吃.

45.29.1 你看見過小方的男朋友沒有？

45.29.2 是不是一個法國人？

45.29.3 是啊.

45.29.4 個子高高兒的，不胖也不瘦...

45.29.5 不錯.

45.29.6 臉長長的，頭髮黑黑的，短短的鬍子...

45.29.7 對.

45.29.8 圓圓的眼睛，尖尖的鼻子，大嘴，小耳朵，是不是

45.29.9 就是他. 你甚麼時候看見他的？

45.29.10 我沒見過他；是小方告訴我的.

VOKABELN

45.41	就	jiù	Adv	nur, bloß
45.42	熱	rè 86.11	Adj	warm, heiß
45.43	酸	suān 164.7	Adj	sauer
45.44	甜	tián 99.6	Adj	süß
45.45	鹹	xián 197.9	Adj	salzig
45.46	苦	kǔ 140.5	Adj	bitter
45.47	男	nán 102.2	Adj	männlich
45.48	法國	fǎguó	E	Frankreich; 法國人 Franzose; 法國話, 法文 französisch
45.49	個子	gèzi	S	Körpergröße

45.50	臉	<u>liǎn</u> <u>130.13</u>	S	Gesicht, Zw: 張
45.51	鬍子	<u>húzi</u> <u>190.9</u>/	S	Bart
45.52	眼睛	<u>yǎnjing</u> /<u>109.8</u>	S	Auge, Zw: 隻
45.53	尖	<u>jiān</u> <u>42.3</u>	Adj	spitz, keilförmig, scharf
45.54	鼻子	<u>bízi</u> <u>209</u>/	S	Nase, Zw: 隻
45.55	嘴	<u>zuǐ</u> <u>30.13</u>	S	Mund, Zw: 張
45.56	耳朵	<u>ěrduo</u>	S	Ohr, Zw: 隻

ÜBUNGSAUFGABE

Übersetzung (unter Verwendung verdoppelter Adjektive für die unter-
strichenen Ausdrücke).

45.71 Ich möchte eine Tasse <u>schönen heißen</u> Kaffee.

45.72 Die Zeitungsverkäuferin spricht immer <u>schön langsam</u>.

45.73 Das Mädchen hat ein <u>rundliches</u> Gesicht und ein Paar <u>große</u>
Augen.

45.74 Sein <u>kleines</u> Zimmer ist immer <u>ganz sauber</u> und <u>ordentlich</u>.

45.75 Heute abend gehen wir in das neu eröffnete Restaurant zu einem
<u>gemütlichen</u> Essen.

45.76 Dieses Mal hat er seine Hausarbeit <u>schön sauber</u> und <u>deutlich</u>
geschrieben.

LEKTION 46 Die Verdoppelung des Zählworts

GRAMMATIK

46.01 Ein verdoppeltes Zählwort des Substantivs sowie des Verbs
hat die Bedeutung 'jede(-r,-s)' bzw. 'jedesmal'; dies gilt
auch für Substantive, die Zw-Charakter haben (vgl. 7.03).

46.02 Da von einer Gesamtheit die Rede ist, steht 都 vor dem Prädikat; ein Objekt mit verdoppeltem Zählwort ist deshalb voranzu-
stellen (vgl. L.28 und 37).

46.03 Adverbiale Verwendung der Verdoppelung von 'Nu+Zw' bedeutet
mit dem Numerale 一 'einzeln', 'Stück für Stück' bzw. 'eins
nach (neben) dem anderen', mit anderen Numeralen 'zu zweit'.
'zu dritt', etc.; im allgemeinen ist das Hilfswort 地 zu
verwenden (vgl. 24.02).

46.04 Verdoppeltes ' 一 + Zw' kann auch attributiv in der Bedeutung
'dicht nebeneinander stehend' , 'eine Fülle von', verwendet
werden; das Hilfswort 的 ist erforderlich.

MODELLSÄTZE

46.11 個個學生都很努力，他們個個都學習得很好.

46.12 她天天穿新衣服，每件都很好看.

46.13 我找了他三回，回回他都不在.

46.14 天氣一天一天地暖和起來了.

46.15 請你們兩個兩個地進來，每次進來兩位.

46.16 一輛一輛的汽車停在學校門外邊兒.

46.17 世界上每四個人裏就有一個中國人.

46.18 西德每四個人有一輛汽車.

ÜBUNGSSÄTZE

46.21 人人都説這本書好.

46.22 這幾課的生詞個個都很有用.

46.23 每天三餐飯，他餐餐都要喝酒.

46.24 我數紙的時候總是五張五張地數：一五、一十、十五、二十、
      ……這麼樣兒數.

46.25 櫥窗裏的大衣一件一件的都很漂亮，我件件都想買.

46.26 火車要開了，他來不及跟我們一個一個地握手,只
說了一聲「再見」，就急急忙忙地上車了.

46.27 我們的老師啊，他中國的每一省都到過.

46.28 從百貨公司裏出來的那些人，個個手上都是一包
一包的東西.

46.29 農人、工人、商人，人人都為國家建設努力地工作.

VOKABELN

46.41	生詞	shēngcí	S Vokabel, neues Wort
46.42	數	shǔ 66.11	V zählen
46.43	總(是)	zǒng(shi) 120.11	Adv immer, stets
46.44	櫥窗	chúchuāng 75.15/	S Schaufenster (: Vitrine - Fenster)
46.45	握手	wòshǒu 64.9/	V Hände schütteln (:greifen - Hand)
46.46	急忙	jímáng	Adj eilig
46.47	省	shěng 109.4	S Provinz , Zw: 個 (auch ohne Zw)
46.48	百貨公司	bǎihuò-gōngsī 106.1/154.4//	S Warenhaus, Kaufhaus, Zw: 家 (hundert - Ware - Gesell-schaft)
46.49	包	bāo	S/Zw Packung, Paket; Zw f.verpack-te Sachen
46.50	農人	nóngrén 161.6/	S Bauer
46.51	工人	gōngrén	S Arbeiter
46.52	商人	shāngrén 30.8/	S Kaufmann

46.53	國家	guójiā	S	Staat, Land
46.54	建設	jiànshè 54.6/149.4	V/S	errichten, aufbauen; Aufbau
46.55	工作	gōngzuò	V	arbeiten (vgl. 44.46)

ANMERKUNGEN

46.61 Dieselbe Bedeutung wie das verdoppelte Zw hat '每 +(一) + Zw'; 每 ist dabei betont, 都 steht auch hier vor dem Prädikat (vgl. 46.02). Z.B. ist 個個學生都... mit 每(一)個學生都... (S.46.11), 回回他都... mit 每(一)回他都... (46.13) austauschbar.

46.62 每 kommt auch unbetont vor, es ist dann mit 一 austauschbar; in diesem Fall steht kein 都 . Z.B. ist 每次 gleich 一次 in 46.15.

46.63 Die Konstruktion

'每 Zahlangabe$_x$ + Zw + S$_A$ 有 Zahlangabe$_y$ + Zw + S$_B$ '

bedeutet 'jedes x-te A hat/ist ein B' oder 'auf x A kommen y B', 'pro x A gibt es y B' (S.46.17, 46.18).

ÜBUNGSAUFGABE
翻譯

46.71 Ich gehe jeden Morgen spazieren.

46.72 Unsere Studenten können alle Chinesisch sprechen.

46.73 Der Chinesischunterricht wird mit jeder Lektion schwieriger.

46.74 Ich kaufe jedesmal zehn neue Hefte.

46.75 Ich möchte alle Bücher in der Bibliothek gelesen haben.

46.76 Jeder von uns hat ein eigenes Tonband.

46.77 Jeder dritte Arbeiter hat ein eigenes Haus.

46.78 Von drei Chinesen sind zwei Bauern.

46.79 Ihre Krankheit ist Tag für Tag schlimmer geworden.

46.80 Der Lehrer ließ uns zu zweit an die Tafel kommen, um Zeichen anzuschreiben.

LEKTION 47   Die Partikel 吶

GRAMMATIK

47.01 Mit der Satzpartikel 吶 <u>ne</u> (auch 呢 geschrieben, vgl.L.39)
wird ausgedrückt, daß die durch den Satz beschriebene Situation
zum gegenwärtigen oder zu einem anderen Zeitpunkt, auf den
Bezug genommen wird, andauert.

47.02 吶 steht häufig am Ende von Sätzen, in denen 在 als erstes Prädikat auch ohne ein Ortssubstantiv als Objekt, also direkt vor
dem zweiten Prädikat, steht (47.12/13). Damit wird ausgedrückt,
daß sich die Person oder Sache bei der Handlung befindet, die
durch das zweite Prädikat bezeichnet wird (vgl. deutsch 'er
ist am Lesen'). Bei verneintem 在 findet 吶 keine Verwendung.

MODELLSÄTZE

47.11 你幹甚麼吶？   我看書吶.

47.12 你在看報吶嗎？   我不(～沒)在看報，我在看書.

47.13 你在寫信吶吧？   我在看書吶，我沒寫信.

47.14 你現在走不走啊？   我還不走吶.

47.15 老張來了沒有？   他還沒來吶.

ÜBUNGSSÄTZE

47.21 你來了，好極了. 我正要找你吶.

47.22 剛才是你打的電話嗎？對不起，剛才我在洗澡吶，
不能接電話，很抱歉.

47.23 我現在不能出去，我的練習還沒做完吶.

47.24 昨天下雨的時候，我們正在樹林子裏散步吶.

47.25 明天早上你到他家的時候兒，恐怕他還在睡覺吶.

47.26 我做大學生的時候，你還沒有出生吶.

47.27 有的人在喝酒，有的在跳舞，有的在唱歌兒，大
家都高興得很.

47.28 昨天你看了電視裏的足球賽沒有？

47.29 別說了，氣死人！我正看得高興吶，電視機忽然
壞了.

VOKABELN

47.41	吶	ne 30.4	Pa	(S.47.01-03)
47.42	洗澡	xǐ zǎo 85.6/85.13	V	baden (:waschen - Bad)
47.43	接	jiē 64.8	V	empfangen, entgegennehmen, fortsetzen
47.44	抱歉	bàoqiàn 64.5/76.10	V/Adj	bedauern; bedauerlich (: auf den Armen tragen - Leid)
47.45	下雨	xià yǔ /173	V	regnen (: fallen - Regen)
47.46	(樹)林子	(shù)línzi	S	Wald, Zw:座
47.47	大學生	dàxué-shēng	S	(Universitäts-)Student
47.48	出生	chūshēng	V	geboren werden
47.49	有的	yǒude	Adj	einige, manche
47.50	跳舞	tiào wǔ 157.6/136.8	V	tanzen (: springen, hüpfen - Tanz)
47.51	唱歌兒	chàng gēr 30.8/76.10/	V	Lieder singen (: singen - Lied)
47.52	電視	diànshì /147.5	S	Fernsehen (: Elektrizität - sehen); 電視機 Fernsehgerät, Zw:架
47.53	足球賽	zúqiú-sài 157/96.7/154.10	S	Fußballspiel, Zw:場 (: Fuß - Ball - Wettkampf)
47.54	氣	qì	V	ärgern (: Luft, Gas)
47.55	忽然	hūrán 61.47	Adv	plötzlich (: unachtsam - so sein)

ÜBUNGSAUFGABE

翻譯

47.71 Als ich bei ihm ankam, war er gerade beim Mittagessen.

47.72 Dauerte der Regen noch an, als du gestern abend nach Hause gingst?

47.73 Entschuldigung! Seid ihr gerade beim Unterricht? Darf ich mal kurz reinkommen?

47.74 Eben war ich gerade beim Telefonieren und konnte nicht sofort die Tür öffnen. Es tut mir sehr leid.

<u>LEKTION 48</u>   Der durative Aspekt: das Suffix 着

<u>GRAMMATIK</u>

48.01 Mit dem Suffix 着 zhe wird ausgedrückt, daß eine Handlung andauert
      (durativer Aspekt). 着 steht unmittelbar hinter dem Verb.

48.02 In einem Satz, dessen Hauptprädikat aus 'Verb + 着' besteht, ist
      meistens die Partikel 呐 erforderlich (48.11). Dies gilt nicht
      für Verben, die einen Zustand bezeichnen, wie z.B. 坐 ,站 ,拿 ,
      放 ,穿 ,戴 ,等 , etc. (48.12), es sei denn, es soll zusätzlich das
      Andauern des Sachverhalts zum Ausdruck gebracht werden (48.13).

48.03 Folgt auf 'Verb + 着' ein zweites Prädikat, so bezeichnet es eine pa-
      rallel laufende Handlung; 呐 ist hier nicht erforderlich (48.14/15).

48.04 Verben mit einem Komplement haben keinen durativen Aspekt.

<u>MODELLSÄTZE</u>

48.11 別進去，裏邊兒上着課呐.

48.12 他在椅子上坐着，手裏拿着一本書.

48.13 快走吧，大家都在等着你呐.

48.14 咱們走着談吧.

48.15 風這麼大，他還開着窗户睡覺呐.

<u>ÜBUNGSSÄTZE</u>

48.21 墙上掛着一張大照片，照片底下放着一張桌子.

48.22 桌上擺着一個花瓶，瓶裏插着幾枝花兒.

48.23 暖汽是關着的，窗户是開着的，難怪屋子裏這麼冷呐!

48.24 這是老張的書. 你看，這兒寫着他的名字呐.

48.25 這本雜誌你留着看吧，我不要了.

48.26 這封信非常重要，你得好好兒地收着.

48.27 出發的前一天晚上，大家都忙着收拾行李.

48.28 燈還紅着呐，你怎麼可以走呢？

48.29 他老愛一邊兒吃着飯一邊兒看報.

48.30 我們都吃過早飯了，他還在床上睡着呐.

48.31 外邊兒正在下着雨呐，你得帶着傘.

48.32 上次我說的故事還沒說完呐，現在我接着說下去.

VOKABELN

48.41	着	zhe	Sx	Suffix zum durativen Aspekt (s. 48.01-03)
48.42	掛	guà 64.8	V	hängen
48.43	照片(兒)	zhàopiàn,-piānr 86.9/	S	Photo, Lichtbild, Zw: 張 (: beleuchten - Blatt), auch 像(相)片兒 xiàngpiānr (: Erscheinung - Blatt)
48.44	瓶(兒), 瓶子	píng(-r),-zi 98.8/	S	Flasche; 花瓶 Blumenvase, 酒瓶 Weinflasche
48.45	插	chā 64.9	V	stecken
48.46	暖汽	nuǎnqì	S	Heizung (Zentralheizung)
48.47	難怪	nánguài		man kann es nicht übel nehmen; kein Wunder, daß ...
48.48	留	liú 102.5	V	behalten, aufhalten, zurückhalten, zurücklassen
48.49	重要	zhòngyào	Adj	wichtig
48.50	出發	chūfā /105.7	V	aufbrechen, starten (: hinaus - abschießen)
48.51	收拾	shōushi /64.6	V	in Ordnung bringen, einpacke (: wegpacken- aufnehmen)
48.52	行李	xíngli /75.3	S	Reisegepäck, Zw: 件
48.53	一邊兒....一邊兒....	yìbiānr... yìbiānr...	K	einerseits... andererseits... (nur bei gleichzeitigen Handlungen
48.54	床	chuáng 53.4	S	Bett, Zw: 張
48.55	傘	sǎn 9.10	S	Schirm, 雨傘 Regenschirm, Zw: 把

ÜBUNGSAUFGABE

翻譯 (用 ˎ 着 ˈ):

48.71 Er ist im Sitzen eingeschlafen.

48.72 Ich lese jeden Morgen beim Frühstück die Zeitung.

48.73 Sie geht im neuen Kleid ins Kino.

48.74 Auf der Tafel stehen zwei große Schriftzeichen: 'ānjìng'.

48.75 Am Fenster steht ein Tisch, auf dem ein paar Bücher liegen.

48.76 Sie dürfen beim Antworten in das Buch schauen.

48.77 Beim Baden singt er laut.

48.78 Sie sah mich an und fragte lächelnd: "Sind wir uns nicht schon
      einmal begegnet?"

LEKTION 49   Numeralia II (ab 100)

GRAMMATIK

49.01 Das chinesische Zahlensystem hat 5 Grundstellenbezeichnungen,
      also eine mehr als im Deutschen.

   Stellenbezeichnungen:

   Einer .... 個 <u>gè</u>   ?

   Zehner .... 十 <u>shí</u>   5?

   Hunderter .... 百 <u>bǎi</u>   35?

   Tausender .... 千 <u>qiān</u>   635?

   Zehntausender .... 萬 <u>wàn</u>   7 635?

   Hunderttausender .... 十萬 <u>shíwàn</u>   47 635?

   Million .... 百萬 <u>bǎiwàn</u>   947 635?

   zehn Millionen .... 千萬 <u>qiānwàn</u>   8947 635?

   hundert Millionen .... 億 <u>yì</u>   1 8947 635?

1.	8	9	4	7.	6	3	5	2	
一億	八千	九百	四十	七萬	六千	三百	五十	二	(個)
<u>yíyì</u>	<u>bāqiān</u>	<u>jiǔbǎi</u>	<u>sìshí</u>	<u>qíwàn</u>	<u>liùqiān</u>	<u>sānbǎi</u>	<u>wǔshí</u>	<u>èr</u>	(<u>ge</u>)

49.02 Aussprache mehrstelliger Zahlen:

   a) Im allgemeinen wird nach jeder Ziffer außer Null die Steller
      bezeichnung mitgesprochen (49.01).

      Die Stellenbezeichnung 個 fällt bei abstrakten Zahlen weg
      (49.11); vor Substantiven kommt an ihre Stelle das jeweils
      erforderliche Zählwort, das auch 個 sein kann (49.12).

   b) Eine oder mehrere Nullen am Ende einer Zahl werden nicht mit
      gesprochen (49.13); dies gilt auch für die unmittelbar vor
      萬 und 億 stehenden Nullen (49.14).

      Werden die Nullen am Ende einer abstrakten Zahl nicht mitge-
      sprochen, so kann die nun am Ende stehende Stellenbezeichnun
      auch wegfallen, sofern eine weitere Stelle vorangeht (49.15)

      Tritt eine Null nicht am Ende einer Zahl auf, so wird sie im
      allgemeinen mitgesprochen: 零 <u>líng</u> (unbedingt erforderlich a
      der Zehnerstelle)(49.16); treffen mehrere Nullen aufeinander
      wird nur eine gesprochen (49.17).

   c) Bei mehr als zweistelligen Nummern, z.B. Telefonnummern, Hau
      nummern etc., genügt es, die Ziffer hintereinander zu sprech
      (49.18).

MODELLSÄTZE

49.11   14 7235   十四萬七千二百三十五

49.12.1		879	Bücher	八百七十九本書
49.12.2		421	Mann	四百二十一個人
49.12.3		365	Tage	三百六十五天
49.13.1		3600		三千六百
49.13.2		310	Schüler	三百一十個學生
49.14.1		3500 0000		三千五百萬
49.14.2	200 0000 0000			二百億
49.14.3	7 5000 0000			七億五千萬
49.15.1		13 9000		十三萬九(千)
49.15.2		250		二百五(十)
49.15.3		250	Häuser	二百五十所房子
49.16.1		306		三百零六
49.16.2		108 0902		一百零八萬(零)九百零二
49.17.1		1005	Jahre	一千零五年
49.17.2		30 0029		三十萬零二十九
49.18.1	Telefon Nr. 44 19 71			四四一九七一號電話
49.18.2	Hörsaal Nr. 772			七七二號教室
49.18.3	das Jahr 1975			一九七五年

ÜBUNGSSÄTZE

49.21 二百五乘四百得多少啊？　　十萬．

49.22 四千九百五十三加二千零四十八等於多少呢？

49.23 漢堡大學有多少學生？　　大概兩萬五千人．

49.24 這裏頭有多少外國學生呢？　　大概有一千三百人．

49.25 北京有多少萬居民？　　七百五十萬．

49.26 中國有多少人口？ 我不清楚. 有人說七億, 有人說
八億, 大概是七億到八億吧.

49.27 柏林離漢堡多遠？ 柏林離漢堡不到三百公里.

49.28 中國的面積有多大？ 有九百六十萬平方公里.

49.29 那座山有多高？ 那座山有八千八百四十八公尺高.

49.30 你的電話是多少號？ 是七二二六四一三.

VOKABELN

49.41	百	bǎi	Nu	hundert
49.42	千	qiān 24.1	Nu	tausend
49.43	萬	wàn 140.9	Nu	zehntausend
49.44	億	yì 9.13	Nu	hundert Millionen
49.45	零	líng 173.5	Nu	Null
49.46	號	hào 141.7	S	Nummer
49.47	居民	jūmín 44.5/83.1	S	Einwohner
49.48	人口	rénkǒu	S	Bevölkerung
49.49	離	lí 172.11	V	verlassen, sich entfernen
49.50	多	duō, duó	Adv	wie...?, wie...!
49.51	里	lǐ 166	S	chinesische Meile (= 500 m); 公里 Kilometer
49.52	面積	miànjí 7 115.11	S	Fläche (: Oberfläche - Akkumulation)
49.53	平方	píngfāng	S	Quadrat (: flach-Quadrat)
49.54	山	shān 46	S	Berg, Hügel, Zw: 座
49.55	尺	chǐ 44.1	S	chinesischer 'Fuß' (= 1/3 m); 公尺 Meter

ANMERKUNGEN

49.61 Maß- und Währungseinheiten bedürfen keines Zählwortes.
Zusammengesetzte Einheiten wie z.B. 公里，平方尺，平方公尺，
können mit 個 gezählt werden.

49.62 Bei einer Menge, die ein Vielfaches von zehn ist, ist das
Zw 個 für 人 nicht mehr erforderlich (49.23/24).

ÜBUNGSAUFGABE

用完全的句子回答下面的問題：

49.71 一年有多少天？　五百年呢？

49.72 你住的屋子有多大？

49.73 從你家到學校有多遠？

49.74 你的電話是多少號？

49.75 你住的城裏有多少居民？

49.76 西德的面積有多大，人口有多少？　東德呢？

LEKTION 50   Die Bruchzahlen und der Dezimalbruch

GRAMMATIK

50.01 Die Bruchzahl wird mit der Formel 'Nenner <u>fen zhi</u> Zähler' aus-
      gedrückt, z.B. 四分之一 (1/4), 三分之二 (2/3), 一百分之三 (3/100). Die Rei-
      henfolge der Nennung ist also umgekehrt wie im Deutschen.

50.02 Prozent- bzw. Promillzahlen werden mit dem Nenner 百 bzw. 千
      gebildet, z.B. 百分之一 (1 %), 千分之五 (5 %o), 百分之一百五十
      (150 %).

50.03 Zur Verbindung einer ganzen Zahl mit einer Bruchzahl steht das
      Wort 又, z.B. 一又二分之一 (1 1/2), 五又一百分之六十 (5 60/100).

50.04 Abweichend vom Deutschen steht in der Dezimalbruchzahl anstelle
      des Kommas ein Punkt 點 <u>diǎn</u>. Aussprache: 0.2 零點二 , 1.0080
      一點零零八零 , 365.2425 三(百)六(十)五點二四二五.

      Ziffern hinter dem Punkt werden stets einzeln gelesen, Ziffern
      vor dem Punkt können auch mit den Stellenbezeichnungen ge-
      sprochen werden.

50.05 Die Verwendung von 半 <u>bàn</u>:

      Als Substantiv in der Bedeutung 'die Hälfte' steht 半 oder 半兒
      <u>bànr</u> stets hinter einer Zahl, z.B. 一半, 兩半兒.

      Wie ein Numerale, deutsch 'halbe(r,-s)', tritt 半 vor das Zähl
      wort, z.B. 半個, 半年, 半張紙, oder, wenn es in Verbindung mit
      einer ganzen Zahl steht, zwischen Zählwort und Substantiv, z.B.
      一個半, 一年半, 一張半紙 ('eineinhalb').

MODELLSÄTZE

50.11 五分之四等於零點八，又等於百分之八十.

50.12 公里是華里的兩倍；華里是公里的一半.

50.13 一公里等於二華里；一華里就是二分之一公里或者半
      公里.

50.14 三華里是一又二分之一公里或者一公里半.

50.15 半個月是十五天，一個半月是四十五天.

ÜBUNGSSÄTZE

50.21 三分之一是百分之多少？
      是百分之三十三又三分之一.

50.22 零點零六二五的三點六倍是不是零點二二五？

50.23 一寸是一尺的十分之一；一寸的十分之一是一分.

50.24 一公尺等於三市尺；一公斤等於二市斤.

50.25 四個人分六個麵包，每人可以分到多少？

50.26 我今天收到老張一封五張半紙的長信.

50.27 中國人口的百分之九十四是漢人.

50.28 中國的人口是美國人口的四倍. 日本人口是美國人口的
一半. 我們知道美國有二億人口，那麼中國跟日本各有
多少人口呢？

50.29 一九七五年八月西德有一百零三萬一千人失業，占工作
人口的百分之四點五. 請問西德的工作人口是多少？

50.30 一九七四年漢堡大學的兩萬五千三百二十五個學生裏有
一千三百六十人是外國人. 請問漢堡大學的外國學生占
全體學生的百分之幾？

VOKABELN

50.41	分	fēn 18.2	V/S	teilen, verteilen, unterteilen, trennen; Teil; 1/100 尺
50.42	之	zhī 4.3	Hw	Hw in der klassischen Schriftsprache, dessen Funktion teilweise der von 的 entspricht
50.43	點	diǎn	S	Punkt
50.44	半	bàn 24.3	S/Nu/Adj	Hälfte, auch: 半兒 bànr; -einhalb; halb, halbe(r,s)
50.45	華	huá 140.8	E	China: 中華 China, 華北 Nordchina, 華人 Chinese, 華文 Chinesisch, 華里 chines. Meile
50.46	倍	bèi 9.8	S	das Vielfache, ...mal
50.47	寸	cùn 41	S	chinesischer Zoll (= 1/10 尺)
50.48	市	shì 50.2	S	Handel, Markt; 市尺 chinesischer 'Fuß', 市斤 chines. Pfund
50.49	斤	jīn 69	S	auch 市斤 , chinesisches Pfund (500 g); 公斤 Kilogramm

50.50   麵包   miànbāo   S   Brot (: Mehl - Packung)
                199.4/

50.51   各   gè   Adj/Adv   jeder einzelne, jeder für sich, jewei
                30.3   jeweilige(r, s)

50.52   西德   xīdé   E   West-Deutschland; 東德 DDR

50.53   失業   shīyè   V/S   arbeitslos sein; Arbeitslosigkeit
                37.2/75.9   (: verlieren - Beschäftigung)

50.54   占   zhàn   V   einen Anteil bilden, betragen
                25.3

50.55   全體   quántǐ   S/Adj   die ganze Körperschaft; alle, gesamt

ÜBUNGSAUFGABE

回答下面的問題：

50.71 (s. 50.22)

50.72 (s. 50.25)

50.73 (s. 50.28)

50.74 (s. 50.29)

50.75 (s. 50.30)

50.76 一公尺是一市尺的幾倍？一市尺是一公尺的幾分之一

50.77 一市斤是一公斤的幾分之一？一公斤是一市斤的幾倍

50.78 三年半是多少個月？三個半年呢？

<u>LEKTION 51</u>   Die Geldeinheiten

<u>GRAMMATIK</u>

51.01 Die Grundeinheit der chinesischen Währung ist der 元 <u>yuán</u>. Einem
      元 entsprechen zehn 角 <u>jiǎo</u>, einem 角 zehn 分 <u>fēn</u>.

51.02 In der gesprochenen Sprache wird 元 gern durch 塊 <u>kuài</u>, 角
      durch 毛 <u>máo</u> ersetzt.

51.03 Wenn es möglich ist, einen Betrag der zweiten Stelle zuzuordnen,
      ihn also in 角 bzw. 毛 auszudrücken, darf er nicht in 分 ausge-
      drückt werden; anderenfalls vertritt 零 die zweite Stelle.

51.04 Ausdrücke, die Geldbeträge bezeichnen, werden häufig durch das
      Substantiv 錢 <u>qián</u> vervollständigt - dies gilt insbesondere für
      die gesprochene Sprache. 錢 kann vor allem dann entfallen, wenn
      aus dem Zusammenhang deutlich hervorgeht, daß von Geld die Rede
      ist.

51.05 In Sätzen mit einem nominalen Prädikat, das aus Numerale bzw.
      Fragewort nach Numerale sowie einem Nomen besteht, das den Preis
      (auch: Alter; Datum) des jeweiligen Subjekts bezeichnet, ist
      eine Kopula nicht erforderlich; die Verneinung erfolgt mit 不是.

<u>MODELLSÄTZE</u>

51.11 二元四角五分就是兩塊四毛五.

51.12 這本書多少錢？
      十四塊九毛.

51.13 您給了我五十塊錢；我找給您三十五塊一. 謝謝.

<u>ÜBUNGSSÄTZE</u>

51.21 三枝鉛筆兩塊七，四個本子五塊六，一共是八塊
      三毛錢.

51.22 請給我一張一元的郵票，一張五角的.
      對不起，一元的賣完了，您拿三張五角的吧. 三
      五一塊五，您給了兩塊，找您五毛.

51.23 我這件毛衣多少錢買的，你猜猜看.
      我猜啊，四十五到五十塊.
      二十八塊半，你說便宜不便宜.

51.24 這間屋子租多少錢?

這月租一百六, 外加水電費二十塊.

51.25 上柏林去的火車票甚麼價錢, 你知道嗎?

我不清楚, 我想來回票價大概不會多過六十塊吧

51.26 你一個月得用多少錢?

除了房租和買書以外, 每星期一百塊就夠了.

51.27 圖書館找一個幫忙的學生, 每週工作十小時, 每小時工資六元二角. 誰願意幹?

51.28 這張一百塊錢的票子請您給我換成零錢, 行不行

VOKABELN

51.41	元	yuán 10.2	S	Währungsgrundeinheit: chines.Dollar (auch 圓 geschrieben)
51.42	角	jiǎo 148	S	Währungseinheit: 1/10 元
51.43	分	fēn	S	Währungseinheit: 1/10 角 , Cent
51.44	塊	kuài	S	umgangssprachlich für 元 (51.41)
51.45	毛	máo	S	umgangssprachlich für 角 (51.42)
51.46	找	zhǎo	V	(Wechselgeld) herausgeben
51.47	毛衣	máoyī	S	gestrickte Kleidung, Zw: 件
51.48	租	zū	S	Miete: 租錢 ; 房租 Wohnungs-, Zimmermiete; 月租 Monatsmiete (vgl. 31.45)
51.49	費	fèi 154.5	S	Kosten, Gebühr; 水電費 Wasser- und Stromkosten; 郵費 Postgebühr
51.50	價	jià 9.13	S	Preis: 價錢 ; 票價 Fahrpreis, Eintrittspreis
51.51	除了.... 以外 chúle...yǐwài			außer..., abgesehen von...

51.52	週	zhōu 162.8	S	Woche (benötigt kein Zw)
51.53	小時	xiǎoshí	S	Stunde (formeller als 鐘頭 21.46)
51.54	工資	gōngzī /154.6	S	Arbeitslohn (: Arbeit - Geld)
51.55	票子	piàozi	S	Geldschein, Banknote, Zw: 張 (vgl.30.45)
51.56	換	huàn 64.9	V	tauschen, austauschen, umtauschen, wechseln
51.57	零錢	língqián	S	Kleingeld
51.58	行	xíng	V	gehen; es geht

ÜBUNGSAUFGABE

回答下面的問題：

51.71 咱們練習用的這種錄音帶多少錢一捲？

51.72 你現在用的這本書是多少錢買的？

51.73 六十九塊錢的百分之十一是多少？

51.74 你一個月大概用多少錢的電話費？

51.75 啤酒八毛五一瓶，綠茶十二塊四一斤；我要買六瓶啤酒，
半斤綠茶，一共得用多少錢？

51.76 我買了十張四角的，十張五角的，五張九角的郵票，給
了一張二十元的票子，賣郵票的該找給我多少錢？

51.77 在圖書館幫忙的學生一個月大概可以得多少錢？

51.78 上個月我做了一百三十五個鐘頭的工，得了一千一百六
十一塊錢。請問我的工資每小時多少？

<u>LEKTION 52</u>   Die Uhrzeit und die Zählung von Zeiteinheiten

<u>GRAMMATIK</u>

52.01 Die Zählung von Stunden erfolgt üblicherweise durch

Zahl + 個 + 鐘頭 zhōngtóu

oder   Zahl (+ 個)+ 小時 xiǎoshí

52.02 Die Uhrzeit wird nach dem folgenden Schema ausgedrückt:

Zahl + Zeiteinheit + 鐘

一點鐘 yìdiǎn zhōng	ein Uhr; eine Stunde
一刻鐘 yíkè zhōng	eine Viertelstunde
一分鐘 yìfēn zhōng	eine Minute
一秒鐘 yìmiǎo zhōng	eine Sekunde

一點鐘 kann auch 'eine Stunde' bedeuten, die Konstruktion kann also auch zur Zählung von Stunden verwendet werden (gleichbedeutend mit 52.01).

52.03 In einer Zeitbezeichnung, in der mehrere Zeiteinheiten enthalten sind, ist nur das letzte 鐘 erforderlich.

52.04 Das Substantiv 鐘 kann weggelassen werden, wenn aus dem Zusammenhang klar hervorgeht, daß es sich um eine Zeitbezeichnung handelt.

52.05 'Vor' und 'nach' werden durch 差 chà bzw. 過 guò ausgedrückt, die sich jeweils auf die volle Stunde beziehen (vgl. 'to' und 'past' im Englischen).

<u>MODELLSÄTZE</u>

52.11 你今天有幾個鐘頭(的)課？

兩個鐘頭.

52.12 你們甚麼時候上課，甚麼時候下課？

九點零五分上課，十一點差十分下課.

52.13 中間有沒有休息呢？

有一刻鐘休息.

52.14 現在甚麼時候兒？幾點了？

十點.

整十點嗎？

不，十點過三分了.

ÜBUNGSSÄTZE

52.21 郵局開門的時間是上午八點到下午六點.

52.22 到柏林去的火車十三點三十六分開, 十八點整到.

52.23 飛機八點零五分起飛, 你七點半以前就得到飛機場.

52.24 我明天上午十點半來找你, 可以不可以?
　　　明天我整上午都沒空兒, 下午三點以後怎麼樣!

52.25 你來晚了一點兒, 五分鐘以前他還在這兒等你吶.

52.26 他從兩點過十分等到三點差五分, 等了整整三刻鐘.

52.27 昨天晚上我很累, 沒到九點就睡了, 今天早上快八點
　　　才起來. 睡了差不多十一個鐘頭, 好像還沒睡夠吶.

52.28 現在天真長, 早上不到三點天就亮了, 晚上九點過了
　　　還沒全黑.

52.29 你的表走得對不對?
　　　我的表每天慢二十秒鐘.

52.30 火車站離這兒遠不遠!
　　　很近, 走路去只要五分鐘.

52.31 這件事非在兩個鐘頭以內辦好不可.

VOKABELN

52.41	點(鐘)	diǎn(zhōng)	S	eine Einheit der Uhrzeit: 一點鐘 ein Uhr; Stunde
52.42	刻(鐘)	kè(zhōng) 18.6	S	Viertelstunde
52.43	分(鐘)	fēn(zhōng)	S	Minute
52.44	秒(鐘)	miǎo(zhōng) 115.4	S	Sekunde

52.45	差	chà	V	fehlen
52.46	整	zhěng	Adj	ganz, voll
52.47	起飛	qǐfēi	V	starten(von Flugzeugen), 'take off'
52.48	飛機場	fēijīchǎng	S	Flugplatz, Flughafen
52.49	累	lèi	Adj	müde
		120.5		
52.50	差不多	chàbuduō	Adj/Adv	ungefähr, fast, beinahe
52.51	早上	zǎoshang	S	Morgen; früh
52.52	亮	liàng	Adj	hell, leuchtend
52.53	近	jìn	Adj	nahe
52.54	非....不可	fēi...bùkě		nichts anders tun können als ..., müssen (:nicht - nicht dürfen)
52.55	在....以內	zài...yǐnèi		innerhalb von ...

ÜBUNGSAUFGABE

翻譯

52.71 Die Bibliothek hat von 9.00 Uhr morgens bis 4.30 Uhr nachmittags geöffnet.

52.72 Diese Uhr geht jeden Tag eine Minute vor.

52.73 Ich fahre morgen mit dem Zug um 11.04 nach Canton.

52.74 In diesem Flughafen startet alle 15 Minuten eine Maschine.

52.75 Vor etwa einer halben Stunde kam ein Anruf für dich.

52.76 Der Mann sagte, er riefe in zwei Stunden noch einmal an.

52.77 Die Telefongebühr für ein Gespräch von Hamburg nach Berlin beträgt 23 Pfennig pro 15 Sekunden.

52.78 Jeden Tag müssen wir innerhalb von 20 Minuten mit dem Abendessen fertig sein.

LEKTION 53   Das Datum

GRAMMATIK

53.01 Bei der Bildung des Datums wird von der größeren Einheit ausge-
      gangen, z.B. 一九七五年十一月二十四日 (號).

53.02 Außer in formellem Sprachgebrauch werden zur Bezeichnung des Jah-
      res lediglich die Ziffern und anschließendes 年 verwendet.

53.03 Die Monatsbezeichnungen werden durch Numerale + 月 gebildet; die
      Tage im Monat werden durch Numerale + 日 oder 號 gezählt.

53.04 Die Wochentage heißen '星期+ Numerale'; die Zählung beginnt am
      Montag. 'Sonntag' heißt 星期日 oder 星期天. 禮拜 lǐbài kann in
      mündlichem Gebrauch 星期 ersetzen.

53.05 Zählung der Datumseinheiten:
      五年　兩個月　一個星期　一個禮拜　三天

MODELLSÄTZE

53.11 今天是甚麼日期？

      今天是一九七六年五月二十六日，星期三.

53.12 下星期六是五號，下下星期一就是七號.

53.13 這個月二號是星期天，上個月三十號是星期幾呢？

53.14 你們一個星期有幾次中文課？

      三次. 我們每星期一、三、五上中文課.

53.15 大前天是前天的前一天；大後年是後年的後一年.

ÜBUNGSSÄTZE

53.21 你們一個學期有多少週的課？

      夏季學期十三週；冬季學期長一些，有十六週.

53.22 這個週末你出不出去？

      禮拜天老張過二十五歲的生日，他請我到他家吃茶.

53.23 大前天他來過一次；他說他下下星期一再來.

53.24 這幾天我很忙，請你過一個禮拜再來一趟吧.

53.25 兩個月以前我給你寫過一封信，你沒收到嗎？

53.26 二十年前我跟他同學，後來就沒再見過他．聽說前兩年他死在上海了．

53.27 中華民國元年是公元一九一二年．

53.28 抗日戰爭是民國二十六年七月開始，三十四年八月結束的，經過了八年零一個月．

53.29 中華人民共和國是一九四九年十月一日成立的．

53.30 孔子生在公元前五五一年，死在（公元前）四七九年．

VOKABELN

53.41	日	rì	S	der ...-ste (Monatstag); 星期日 Sonntag
53.42	號	hào	S	der ...-ste (Monatstag)
53.43	禮拜	lǐbài 113.13/ 64.5	S	Gottesdienst (: Ritus - verehren) Woche; 禮拜日, 禮拜天 Sonntag; 禮拜 ...禮拜六 Montag...Samstag
53.44	大	dà	Adj	vor- bzw. über-: 大前天 'vorvorg stern'; 大後天 'über-übermorgen'
53.45	學期	xuéqī	S	Semester, Schulhalbjahr
53.46	季	jì 39.5	S	Jahreszeit, Vierteljahr (o.Zw)
53.47	末	mò 75.1	S/Adj	Ende; 週末 Wochenende; letzte (r,-s)
53.48	歲	suì 77.9	S	Lebensjahr (o.Zw)
53.49	中華民國	zhōnghuá mínguó	E	Republik China (: China-Volk - Reich); (中華)民國 x 年 das x-ste Jahr der Republik (China)
53.50	元	yuán	S	Erst-; 元年 das erste Jahr (einer Zeitrechnung); 公元 Zeitrechnung n.Chr.

53.51	抗日	kàngrì 64.4/		Widerstand gegen Japan leisten, antijapanisch
53.52	結束	jiéshù 120.6/75.3	V/S	abschließen, beenden; Schluß (: knoten - binden)
53.53	中華人民共和國	zhōnghuá rénmín gònghéguó	E	Volksrepublik China (: China - Volk - Republik)
53.54	成立	chénglì /117	V/S	errichten, gründen; Gründung
53.55	孔(夫)子	kǒng(fū)zǐ 39.1/37.1/	E	Konfuzius (: Kǒng(Familienname) - Gelehrter)

ANMERKUNG

53.61 Zeit- und Ortsangaben können mit 在 an Verben angeschlossen
werden, die kein aktives Tun beinhalten, wie 生 ,死 ,坐 ,
站 ,睡 ,住 .

ÜBUNGSAUFGABE

回答下面的問題:

53.71 今天星期三，大前天是星期幾?

53.72 今天十一號禮拜三，下下禮拜六是多少號?

53.73 今年是民國多少年?

53.74 中華人民共和國成立的時候是民國多少年?

53.75 抗日戰爭是一九幾幾開始的?

53.76 你是哪年生的? 生在甚麼地方?

53.77 我伯父是一九零九年生的，他今年多少歲了?

53.78 孔子死的時候多大年紀?

53.79 現在這個學期是夏季學期還是冬季學期?
上上學期呢?

LEKTION 54   Zeitdauerangaben

GRAMMATIK

54.01 Zeitdauerangaben (ZDA) sind von Zeitangaben, die als adverbiale Bestimmung der Zeit vor dem Prädikat stehen, zu unterscheiden: während Zeitangaben auf die Frage " Wann ? " antworten, antworten ZDA auf die Frage " Wie lange ? "

54.02 ZDA stehen wie ein Objekt hinter dem Prädikat (54.11). Zu einem unbestimmten Objekt können die ZDA wie ein Attribut treten, wobei 的 entfallen kann (54.15).

54.03 Hat das Prädikat ein Objekt, das bestimmte Personen bezeichnet oder ein Personalpronomen ist, so steht es zwischen Prädikat und ZDA (54.14).
Andere bestimmte Objekte werden vorangestellt, entweder vor das Subjekt (54.13), oder, im Falle einer Gegenüberstellung, vor das Prädikat (54.12); sie können auch mit Hilfe von 把 vorange-stellt werden (54.21). (Vgl. L. 42.)

MODELLSÄTZE

54.11 我們沒休息十分鐘, 我們只休息了五分鐘.

54.12 他中文學過一年, 日文學過半年.

54.13 這本書你可以借三天, 不能借一個禮拜.

54.14 我們等了他一刻鐘.

54.15 我一個星期沒看電視了, 今天要看一晚上 (的) 電視.

54.16 我作這個練習得用一個半鐘頭, 她只作了半個鐘頭.

ÜBUNGSSÄTZE

54.21 老高把我的字典借去了一個禮拜還沒還給我.

54.22 我今天工作了一整上午, 一分鐘都沒停.

54.23 他們在樓上跳舞跳了一夜, 吵得我整夜睡不着.

54.24 我父親抽烟抽得不多，一天抽不到十枝，可是不能一
天不抽.

54.25 這雙鞋真糟糕，還沒穿一個月就破了.

54.26 還有一個星期就要考試了. 我決定這個星期不做別的，
專心準備考試.

54.27 我們的考試分筆試和口試兩部分. 筆試考兩個半鐘頭，
口試考三刻鐘.

54.28 西德的大學每年有五個月的假期：寒假兩個月，暑假
三個月.

54.29 我有一件要緊的事得去柏林一趟，想從明天起請一個
星期假，行不行？

54.30 他有好多年沒回國了，今年暑假打算回去住兩個月.

54.31 我們的校長從前當過兩年內政部長，一年外交部長.

VOKABELN

54.41	夜	yè 36.5	S	Nacht (o.Zw)
54.42	破	pò 112.5	Adj	zerbrochen, zerfetzt, kaputt
54.43	專心	zhuānxīn 41.8/	V/Adj	sich konzentrieren, mit voller Aufmerksamkeit (: auf sich allein nehmen - Herz)
54.44	筆試	bǐshì	S	schriftliche Prüfung
54.45	口試	kǒushì	S	mündliche Prüfung
54.46	部分	bùfèn	S	Teil
54.47	考	kǎo	V/S	prüfen, Prüfung abhalten, Klausur schreiben; Prüfung
54.48	假	jià 9.9	S	Urlaub, Ferien; 假期 Ferien; 請假 um Urlaub bitten

54.49	寒	hán 40.9	S	Kälte; 寒假 Winterferien
54.50	暑	shǔ 72.9	S	Hitze; 暑假 Sommerferien
54.51	打算	dǎsuàn /118.8	V/S	beabsichtigen, planen, berechnen; Absicht, Vorhaben (: schlagen - rechnen)
54.52	長	zhǎng	S	Vorsteher, Leiter, Chef; 校長 Schulleiter, Rektor; 部長 Minister
54.53	內政	nèizhèng	S	Innenpolitik, innere Angelegenheiten eines Landes; 內政部 Innenministerium
54.54	部	bù	S	Ministerium
54.55	外交	wàijiāo	S	auswärtige Angelegenheit, Diplomatie

ÜBUNGSAUFGABE

翻譯

54.71 Ich habe ein halbes Jahr lang in diesem Studentenheim gewohnt, seit drei Monaten wohne ich bei einem Freund.

54.72 Ich bin drei Wochen nicht zu Hause gewesen, aber nächste Woche fahre ich bestimmt.

54.73 Dieses Fernsehgerät hatte ich noch kein Jahr, da war es schon zweimal kaputt.

54.74 Letzte Nacht habe ich fast die ganze Nacht nicht geschlafen; erst nachdem es hell war, habe ich anderthalb Stunden geschlafen.

54.75 In den Sommerferien will ich einen Monat in Frankreich Urlaub machen.

54.76 Vor drei Jahren hat er ein Semester Sinologie an der Universität Hamburg studiert.

LEKTION 55   Die Ordnungszahl

GRAMMATIK

55.01 Eine Kardinalzahl wird durch Voranstellung des Präfixes 第 dì
zur Ordinalzahl, die mit einem Zählwort verbunden werden kann,
z.B. 第一, 第二次, 第五十五課, 第四輛車, 第三個兒子.

55.02 In Eigennamen und geläufigen Bezeichnungen fällt das Zählwort
oft weg, z.B. 第一百貨公司　第二學期, 第三世界

55.03 In gewissen Wendungen ist der Charakter der Ordnungszahl auch
ohne 第 vorhanden; hier fällt das Zählwort meistens weg, z.B.
一九七六年, 五月, 三十一日　一年級, 三哥, 七(層)樓

55.04 頭 (一) tóu(yī) tritt anstelle von 第一 dìyī auf, kann im Unterschied dazu aber nicht ohne Zählwort stehen, z.B. 頭一次,
頭一天, 頭一本, 頭輛車.
Vor anderen Zahlen als eins sowie vor unbestimmten Mengenangaben
bedeutet '頭 + Nu' 'die ersten...'. Beispiele: 頭兩課, 頭三天,
頭幾個字.

MODELLSÄTZE

55.11 我又餓又累; 回家以後, 第一是吃飯, 第二是睡覺.

55.12 第三十九頁第六行的頭兩個字我不認識.

55.13 我是中文系一年級第二學期的學生.

55.14 中文系的圖書館在七樓七二五號.

55.15 坐在頭排左邊的第四個人是我三姐.

ÜBUNGSSÄTZE

55.21 中國人常常管第一個孩子叫老大，第二個叫老二,
第八個就叫老八.

55.22 孔老二就是孔家的第二個兒子.

55.23 中國人不可以叫哥哥姐姐的名字, 要管他們叫大哥、
二哥、大姐、二姐, 這麼樣兒叫.

55.24 我三叔在這兒只住了一天，第二天就走了.

55.25 方先生的大女兒在華東第二汽車廠工作，小女兒
在上海市第十六中學念書.

55.26 請問到天津去的車票多少錢？
　　　頭等十二塊六毛，二等八塊四．

55.27 一九七四年世界足球賽的頭三名都是誰？哪個國
　　　家得了第一名？

55.28 現在人們常說└第三世界┐，這是指甚麼說的？
　　　這是指亞洲、非洲和中南美洲的一些國家說的．
　　　可是我從來沒聽說過└第一世界┐跟└第二世界┐，
　　　你聽說過嗎？

VOKABELN

55.41	第	dì 118.5	Px	Präfix für Ordnungszahlen
55.42	頁	yè 181	S	Seite (eines Buches) (o.Zw.)
55.43	行	háng	S	Linie, Reihe, Zeile (o.Zw) (vgl.51.58
55.44	頭	tóu	S	Spitze
55.45	系	xì 120.1	S	System; Abteilung, Seminar
55.46	年級	niánjí /120.4	S	Schuljahr, Schulklasse(:Jahr - Stufe)
55.47	排	pái 64.8	S	Reihe (o.Zw)
55.48	孩子	háizi 39.6/	S	Kind; 小孩子,小孩兒Kleinkind, Kind
55.49	兒子	érzi	S	Sohn
55.50	女兒	nǚer 38/	S	Tochter
55.51	(工)廠	(gōng)chǎng /53.12	S	Fabrik, Werkstatt, Zw:所,座,家
55.52	中學	zhōngxué	S	Mittelschule, Gymnasium, Zw:所

55.53	等	děng	S	Rang, Klasse, 頭等 1.Kl., erstklassig, 二等 2.Kl.
55.54	名	míng	S	Plazierung nach Leistung, Rang, etc. (o.Zw); 第一名 : der erste Platz
55.55	指	zhǐ 64.6	V	zeigen, sich beziehen auf
55.56	美洲	měizhōu	E	Amerika (: Amerika - Kontinent); 中美 (洲), 南美(洲), 北美(洲) Mittel-, Süd-, Nordamerika

ÜBUNGSAUFGABE

翻譯

55.71 Im wievielten Semester sind Sie zur Zeit?

55.72 Haben Sie Geschwister? Wenn ja, der wievielte sind Sie (in der Geschwisterreihe)?

55.73 Was tust du immer als erstes, wenn du nach Hause kommst?

55.74 Wenn ich mit dem Zug fahre, nehme ich immer die zweite Klasse; eine Fahrkarte der ersten kann ich mir nicht leisten.

55.75 Wer ist der alte Mann, der auf dem ersten Platz rechts in der letzten Reihe sitzt?

55.76 Herr Lehrer, sagen Sie bitte, wie die beiden letzten Zeichen in der zweiten Zeile auf Seite 140 ausgesprochen werden.

55.77 Die ersten Seiten dieses Buches sind langweilig, ungefähr bei Seite 10 fängt es an, interessant zu werden.

LEKTION 56   Die Bezeichnung unbestimmter Mengen

GRAMMATIK

56.01 Unbestimmte Mengenangaben können gemacht werden, indem zwei au
einander folgende Ziffern (1 bis 9) nebeneinandergestellt werd
z.B. 一兩本書, 一百三四十個, 六七千, 八九百萬.
Darüberhinaus: 三五 und 三兩 , z.B. 三五百, 三兩天 .

56.02 Zum selben Zweck kann 幾 jǐ an die Stelle einer Ziffer treten
(vgl. 11.05), z.B. 幾個, 十幾天, 好幾萬, 三千六百幾 (十)(=3610
3620,...3690).

56.03 多 duō im Anschluß an eine höhere Stellenbezeichnung bedeutet'm
als', 'über';es kann auch Werte zwischen den Stellen meinen,z.
十多年, 二千多, 八十多萬, 三千六百多 (> 3600, < 3700).

Im Anschluß an ein Zählwort bezeichnet 多 eine Bruchzahl, z.B.
一課多, 兩個多星期, 十年多.

56.04 來 lái im Anschluß an 十 oder 百 (seltener 千 und 萬) kennzei
net eine 'runde' Zahl (meist 'mehr', aber auch 'weniger'); da-
nach steht ein Zählwort, z.B. 一百來個, 二十來(個)人

56.05 Ein Anhängen von 上下 shàngxià, 左右 zuǒyòu oder (allerdings
nur nach Zeitangaben) 前後 qiánhòu an Numerale führt zur Bede
tung 'ungefähr', 'etwa', 'an die'; sind Zählwort und/oder Subs
tiv vorhanden, werden die Ausdrücke an diese angehängt.Beispie
四萬左右, 十五塊錢上下, 三十歲左右, 兩點鐘前後.

56.06 兩 liǎng kann an der Einerstelle in der Bedeutung 'ein paar',
'wenige' verwendet werden, z.B. 兩個人, 兩本書, 這兩天, 前兩年.

MODELLSÄTZE

56.11 上個月我買了十幾本書，用了兩百多塊錢.

56.12 他走了一年多，只來過三兩封信.

56.13 那間教室不大，只有十來張桌子，二三十把椅子.

56.14 我這兩天睡得很壞，每天只睡六個鐘頭上下.

56.15 那個地方離這兒三百二十幾公里，開車去要三個半鐘
左右.

56.16 你早上八點半出發，中午十二點前後就可以到了.

ÜBUNGSSÄTZE

56.21 我學中文學了一個多學期了，可是還不能看中文報.

56.22 我們班上上學期開始的時候有三十來人，現在只剩下
四五個了.

56.23 我們的圖書館有中文書五萬冊上下，西文書四千多冊，
中西文雜誌一共一百來種.

56.24 中國是一個文化古國，有好幾千年的歷史.

56.25 漢朝是一個很有名的朝代，從公元前三世紀末到公元
後三世紀初，經過了四百二十多年.

56.26 這幾天我每天早上四點鐘前後就醒了，再也睡不着了.

56.27 奇怪，這麼好的電影只有三五十人看.

56.28 我叔父有六個兒女，老大快三十了，老六才七八歲.

56.29 這部書的初版是民國二十年前後出版的，到現在已經
出了二十幾版了.

56.30 這部小説兒有兩冊，上冊四百多頁，下冊五百多頁，
合起來將近一千頁.

VOKABELN

56.41	上下	<u>shàngxià</u>	S	oben und unten; mehr oder weniger; ungefähr, etwa
56.42	左右	<u>zuǒyòu</u>	S	links und rechts; in der Nähe von; ungefähr, etwa
56.43	前後	<u>qiánhòu</u>	S	vorn und hinten; früher und später; etwa, gegen (zeitlich)
56.44	剩(下)	<u>shèng(xia)</u> 18.10	V	übrigbleiben, übriglassen
56.45	冊	<u>cè</u> 13.3	Zw	Zählwort für Bücher: Band
56.46	西文	<u>xīwén</u>	S	europäische Sprachen
56.47	文化	<u>wénhuà</u> /21.2	S	Kultur
56.48	古	<u>gǔ</u> 30.2	Adj	alt, altertümlich

56.49	朝代	cháodài 74.8/	S	Dynastie (: Kaiserhof - Generation); 漢朝, 漢代 Han-Dynastie, Han-Zeit(s.36. 古代 alte Zeiten, Altertum
56.50	有名	yǒumíng	Adj	namhaft, bekannt, berühmt
56.51	世紀	shìjì	S	Jahrhundert
56.52	初	chū 18.5	S	Anfang
56.53	兒女	érnǚ	S	Sohn und Tocher; Kinder
56.54	版	bǎn	S	(Buch-) Auflage (o.Zw); 初版 Erstau- gabe, 再版 zweite Auflage
56.55	合	hé	V	schließen, zusammenlegen
56.56	將近	jiāngjìn 41.8/	Adv	nahezu

ÜBUNGSAUFGABE

回答下面的問題.

56.71 一年有多少個星期？

56.72 一個月有多少天？

56.73 你們的中文老師大概有多大年紀？

56.74 你每天用多少時間復習中文？

56.75 學生宿舍的房租大概多少錢一個月？

56.76 漢堡離柏林有多遠？

56.77 從漢堡坐飛機到柏林得多久？

LEKTION 57   Komparativsätze

GRAMMATIK

57.01 Zu den Komparativsätzen zählen Equative und Komparative.

57.02 Equative bezeichnen die Gleichheit zweier Personen oder Sach-
verhalte und werden in folgender Weise gebildet:

a)   X   跟 Y（不）一樣 （A）

     X（不）跟 Y   一樣 （A）

b)   X（沒）有 Y（這麼／那麼）A

57.03 Die Konstruktion a) drückt lediglich völlige Identität bzw. bei
Verneinung Verschiedenheit der verglichenen Objekte aus; sofern
ein Adjektiv vorhanden ist, bezieht sich der Vergleich auf die
durch das Adjektiv bezeichnete Eigenschaft.

57.04 Die Konstruktion b) beinhaltet immer einen Vergleich in Bezug
auf eine Eigenschaft; ein Adjektiv ist daher erforderlich. Über
X wird eine Aussage getroffen, bei der Y als Vergleichsmaßstab
dient: X kommt Y in Bezug auf die Eigenschaft A ungefähr (mehr
oder auch weniger) gleich.

57.05 Komparative werden nach der Formel

     X（不）比 Y A (quantitative Ergänzung)

gebildet. X übertrifft Y, das als Vergleichsmaßstab dient, in
Bezug auf die durch A bezeichnete Eigenschaft. Quantitative Ergänzungen zur Präzisierung des Ausmaßes, in dem Y von X über-
troffen wird, sind vor allem

1) 一點兒，得多 zum Ausdruck einer unbestimmten Menge;

2) Nu+Zw (vorwiegend Maßeinheiten) zum Ausdruck einer bestimmten
Menge.

57.06 Die genannten Konstruktionen finden beim Vergleich von durch
Komplemente des Grades modifizierten Handlungen in folgender
Weise Anwendung:

     X（VO）   跟 Y V 得（不）一樣 （A）

     X（VO）V 得   跟 Y   （不）一樣 （A）

     X（VO）   （沒）有 Y V 得（這麼／那麼）A

     X（VO）V 得（沒）有 Y   （這麼／那麼）A

     X（VO）   （不）比 Y V 得   A

     X（VO）V 得（不）比 Y   A

MODELLSÄTZE

57.11 這本書跟那本一樣；這兩本書是一樣的．

57.12 我跟你不一樣高；我沒有你這麼高．

57.13 你有他那麼高，你跟他差不多一樣高．

57.14 你不比他矮；我比他矮一點兒，大概矮一寸.

57.15 他說中文說得沒有你好.

57.16 你說中國話說得比他好得多. 你說得跟中國人差不多一樣了.

ÜBUNGSSÄTZE

57.21 他中文讀的能力比你強一些，寫的能力和你差不多，聽和說的能力可就比你差遠了.

57.22 她妹妹跟她像極了；他們兩個長得完全一樣. 我從前常常把他們弄錯了.

57.23 時間過得真快啊！上回咱們見面的時候，你們老二剛學走路，現在他都長得快有你這麼高了.

57.24 北京的氣候跟這兒不一樣，夏天比這兒熱，冬天比這兒冷.

57.25 這個國家一九七四年的工業生產比上年增加了百分之十四，農業生產減少了百分之八.

57.26 我們可以說「這件東西沒有那件那麼好」，也可以說，「那件東西比這件好」；說法不同，意思一樣.

VOKABELN

57.41 一樣 yíyàng Adj gleich, gleichartig (: eine - Art)

57.42 比 bǐ V vergleichen; im Verhältnis zu (S.57.05-06)

57.43 讀 dú V lesen, vorlesen; studieren (vgl. 149.15 11.52)

57.44	能力	<u>nénglì</u>	S	Fähigkeit, Kraft
57.45	强	<u>qiáng</u> 57.9	Adj	stark, kräftig, mächtig, gewaltsam
57.46	長	<u>zhǎng</u>	V	wachsen
57.47	弄錯	<u>nòngcuò</u>	V	verwechseln
57.48	見面	<u>jiànmiàn</u>	V	sich treffen
57.49	氣候	<u>qìhòu</u>	S	Klima
57.50	工業	<u>gōngyè</u>	S	Industrie
57.51	生產	<u>shēngchǎn</u> /100.6	V/S	gebären; produzieren; Produktion (: gebären - gebären)
57.52	增加	<u>zēngjiā</u> 32.12/	V	hinzufügen, zunehmen, vermehren (: hinzufügen - hinzufügen)
57.53	農業	<u>nóngyè</u>	S	Landwirtschaft
57.54	減少	<u>jiǎnshǎo</u>	V	vermindern, abnehmen (: vermindern - weniger)
57.55	説法	<u>shuōfǎ</u>	S	Ausdrucksweise, Formulierung
57.56	不同	<u>bùtóng</u>	Adj	ungleich, unterschiedlich

ÜBUNGSAUFGABE

用另外一種説法把下面句子的意思再説出來:

57.71 老大長得比老二矮得多.

57.72 我的表走得比這個鐘快一分半鐘.

57.73 今年這兒的夏天跟上海差不多一樣熱了.

57.74 她中文説的能力比讀的能力差一些.

57.75 我看英文書沒有看德文書看得快.

57.76 他的車有你的這麼大, 可是沒有你的這麼新.

57.77 這兩架機器一點兒不同的地方都沒有.

LEKTION 58   Die Steigerungsadverbien

GRAMMATIK

58.01 Die Steigerungsadverbien 更 gèng, 還 hái und 還要 háiyào geben dem Adjektiv komparativischen Sinn (deutsch manchmal auch: 'noch + komparativisches Adjektiv').

58.02 In Komparativsätzen mit 比 (vgl. 57.05) können diese Adverbien zur Verstärkung dienen.

58.03 Superlativischer Sinn wird durch die Adverbien 最 zuì oder 頂 dǐng ausgedrückt; sie werden auch im Sinne einer besonderen Intensivierung verwendet (deutsch etwa: 'ganz besonders).

58.04 Modalverben sowie Verben, die eine Einstellung zu einem Sachverhalt ausdrücken, können durch die Steigerungsadverbien einen komparativischen bzw. superlativischen Sinn erhalten (z.B. lieben, mehr lieben, am meisten lieben).

MODELLSÄTZE

58.11 這本書好，那本書更好.

58.12 我覺得日文比中文還難.

58.13 學日文的比學中文的還要少.

58.14 中國是世界上人口最多的國家，也是面積最大的國家之一.

58.15 他頂會說笑話兒了；我最愛聽他說笑話兒.

ÜBUNGSSÄTZE

58.21 張家的三個孩子長得一個比一個高；老二比老大高，老三比老二更高.

58.22 這張桌子比門還寬得多，你怎麼能把它搬進屋子裏去呢！

58.23 在城裏開車最快只能每小時五十公里.

58.24 揚子江是世界上最長的河流之一；中國人更常管它叫長江.

58.25 我頂不會演講，更不能用外國話演講.

58.26. 我不願意問人家的私事，更不高興人家問我的私事．

58.27 你以為毛小姐頂漂亮了嗎？我覺得她妹妹比她還美得多吶．

58.28 他最近比較忙，你最好過兩個禮拜再去找他．

58.29 我覺得說中文最難的是發音，特別是聲調．

58.30 我學了這麼久的中文，還是老把四聲弄錯，尤其第二聲和第四聲是最容易弄錯的．

VOKABELN

58.41	更	gèng 73.3	Adv	noch, mehr
58.42	最	zuì 73.8	Adv	äußerst, meist, höchst
58.43	頂	dǐng 181.2	S/Adv	Scheitel, Gipfel; äußerst, hervor-ragend
58.44	寬	kuān 40.12	Adj	breit
58.45	揚子江	yángzǐjiāng 64.9//85.3	E	Flußname: Yangtsekiang
58.46	河流	héliú 85.57	S	Strömung, Fluß, Zw: 條
58.47	長江	chángjiāng	E	= 揚子江 (58.45)
58.48	演講	yǎnjiǎng	V/S	vortragen, Rede halten; Vortrag Zw: 篇, 個
58.49	私	sī 115.2	Adj	privat, persönlich, geheim, intim
58.50	以為	yǐwéi	V	halten für, meinen, betrachten als
58.51	美	měi	Adj	schön, hübsch
58.52	最近	zuìjìn	Adj	am nächsten zu, letztlich, neulich, demnächst
58.53	比較	bǐjiǎo /159.6	V/Adv	vergleichen; verhältnismäßig

58.54 發音　　　fāyīn　　　　V/S　　aussprechen; Aussprache

58.55 聲調　　　shēngdiào　　S　　　Ton, Silbenton
　　　　/149.8

58.56 四聲　　　sìshēng　　　S　　　die vier Töne; 第...聲 der
　　　　　　　　　　　　　　　　　　...-te Ton

58.57 尤其　　　yóuqí　　　　Adv　　besonders, insbesondere, vor all
　　　　43.1/12.6

ÜBUNGSAUFGABE

翻譯

58.71 Kann ich dies Buch von dir mit nach Hause nehmen, um es mal a
zuschauen? Spätestens in drei Tagen gebe ich es dir zurück.

58.72 Er ist gerade in Wut, besser, du sprichst jetzt nicht mit ihm

58.73 Mein Chinesisch ist nicht sonderlich gut; falls Sie Englisch
können, unterhalten wir uns lieber auf englisch. - Ich fürcht
mein Englisch ist noch schlechter als Ihr Chinesisch; bleiben
wir doch dabei, Chinesisch zu sprechen. Ich werde ganz langsa
sprechen und mir alle Mühe geben, damit Sie es verstehen. Ist
Ihnen das recht?

58.74 Wenn die chinesischen Schriftzeichen auch nicht die älteste
Schrift auf der Welt sind, so gehören sie doch immerhin zu de
ältesten.

58.75 Das Leben in Deutschland ist im Vergleich zum Vorjahr noch te
rer geworden.

LEKTION 59   Das logische Subjekt in Existenzsätzen

GRAMMATIK

59.01 Nicht durch Demonstrativpronomen bestimmte oder bestimmbare Substantive (vgl. 17.04) stehen in der Regel nicht als Subjekte am
      unmittelbaren Satzanfang. Soll die Existenz bzw. das Erscheinen
      oder Verschwinden unbestimmter Personen oder Gegenstände zum
      Ausdruck gebracht werden, tritt das Substantiv, das diese Personen bzw. Gegenstände bezeichnet, als 'logisches Subjekt' hinter
      das Prädikat.

59.02 In diesem Fall steht am Satzanfang eine Orts- oder Zeitangabe,
      um den Ort oder die Zeit zu bezeichnen, wo bzw. wann etwas in
      Erscheinung tritt, vorhanden ist oder verschwindet. Eine Ausnahme
      bildet dabei der Ausrufsatz: hier sind solche Angaben nicht erforderlich.

59.03 Mit Ausnahme von 有 wird das Prädikat durch ein Suffix und/oder
      Komplement erweitert oder durch ein Modalverb modifiziert.

MODELLSÄTZE

59.11 門旁邊兒有一張桌子，桌子上放着兩本書.

59.12 我們班上昨天來了一個新同學.

59.13 下星期我們宿舍裏要搬走兩位同學.

59.14 下雨了！快把外邊兒的東西收進來.

59.15 來客了！你猜是誰.

ÜBUNGSSÄTZE

59.21 圖書館裏最近常常丟書，前天又不見了一本書.

59.22 那邊兒走過來一個人，有點兒像老張.

59.23 從前有一個人叫張成，他出生以前就死了父親，
      五歲的時候又死了母親.

59.24 第十三號公路上發生了一個車禍，撞毀了兩輛車
      撞死了四個人.

59.25 我們上車的時候，車裏坐滿了人. 到了下一個車
      站，下去了幾個人，我們才有了座位.

59.26 天上飄着一朵朵的白雲. 從南邊兒飛來一架飛机
飛到雲裏就不見了.

59.27 城裏有一個湖，湖邊上種了很多大樹.

59.28 夏天的時候，到處都開着花兒，孩子們在草地上
玩兒，湖上游着大大小小的帆船，真美極了.

VOKABELN

59.41	不見	bújiàn _V_	verschwinden
59.42	公路	gōnglù _S_	öffentliche Straße, Fernstraße, Zw: 條
59.43	發生	fāshēng _V_	sich ereignen, passieren, geschehen, entstehen
59.44	車禍	chēhuò /113.9 _S_	Autounfall, Verkehrsunfall
59.45	毀	huǐ 79.9 _V_	zerstören, vernichten, ruinieren
59.46	滿	mǎn 85.11 _Adj_	voll
59.47	飄	piāo 182.11 _V_	flattern, wehen, in der Luft treiben
59.48	白	bái _Adj_	weiß
59.49	雲	yún 173.4 _S_	Wolke, Zw: 朵, 片
59.50	湖	hú 85.9 _S_	der See
59.51	種	zhòng _V_	pflanzen, anbauen (vgl. 42.47)
59.52	到處	dàochù _S_	überall
59.53	開	kāi _V_	(Blumen) blühen
59.54	草地	cǎodì 140.6/ _S_	Rasen, Wiese, Weide, Zw: 片, 塊 (: Gras- Boden)
59.55	玩兒	wánr 96.4/ _V_	spielen, sich amüsieren

59.56　游　　yóu　　　　V　　schwimmen, sich im Wasser bewegen
　　　　　　　85.9

59.57　帆船　　fānchuán　S　　Segelboot, Zw: 條, 隻
　　　　　　　50.3/137.5　　　(: Segel - Boot)

ÜBUNGSAUFGABE

翻譯

59.71 An der Kreuzung dort vorn ist ein Unfall passiert, zwei Leute sind verletzt worden.

59.72 Wie heißt der Staat, der im Osten von China liegt?

59.73 Auf beiden Seiten dieser Fernstraße wachsen Bäume; das sieht sehr hübsch aus.

59.74 Du willst Bier trinken? Tut mir leid, gestern kamen ein paar Gäste zu Besuch, die mein ganzes Bier weggetrunken haben.

59.75 Der ganze Himmel ist schwarz von Wolken, ich fürchte, es wird Regen geben.

59.76 Unsere Übungsgruppe hatte ursprünglich ungefähr dreißig Teilnehmer; inzwischen ist die Hälfte weggeblieben, so daß nur noch ein gutes Dutzend übrig ist.

LEKTION 60   Fragewörter als Indefinitpronomen

GRAMMATIK

60.01 Die Fragewörter 誰 , 甚麼 (auch ' 甚麼 + S') , 哪 (in Verbindung mit Zw und/oder S), 哪兒 , 怎麼 haben, wenn sie unbetont
gesprochen werden, die Funktion von Indefinitpronomen: deutsch
'(irgend-)etwas, (irgend-)welche(-r,-s), (irgend-)wo(-hin)'.

60.02 In dieser Bedeutung stellen die Interrogativpronomina in der
Regel nicht das Subjekt des Satzes. Das deutsche 'jemand' als
Subjekt wird durch 有人 ausgedrückt, z.B. 有人敲門 - "Jemand
klopft an der Tür".

60.03 Die Verneinung erfolgt durch 不 bzw. 沒 (有) vor dem Prädikat
(deutsch 'niemand, nichts, nirgends').

60.04 Da die Interrogativpronomina in dieser Bedeutung ihre fragende
Funktion verloren haben, müssen die Fragesätze, in denen sie
stehen, eine der üblichen Frageformen haben.

MODELLSÄTZE

60.11 你想吃點兒甚麼東西嗎？

不吃甚麼．我有點兒渴，給我點兒甚麼喝的吧．

60.12 今天沒甚麼事，咱們上哪兒去玩兒玩兒，好不好？

60.13 這本書聽說很好，哪天有空兒我得看一看．

60.14 這件衣服沒甚麼好，也不怎麼便宜．

60.15 你要不要誰幫幫你忙？

ÜBUNGSSÄTZE

60.21 還有甚麼我幫得上忙的沒有了啊？

多謝多謝，沒有甚麼了．

60.22 我下午開會，不能送你上飛機場；找誰送送你吧

不用不用．我沒有多少行李，而且坐公共汽車也
很方便，用不着人送．

60.23 我不怎麼喜歡那個人．他老想着自己，不管別人．

60.24 關於這一課的文法，大家還有甚麼問題沒有？

60.25.1 最近看了些甚麼新書沒有啊！

沒有．近來我總覺得很累，沒甚麼興趣看書．

60.25.2 大概你太忙了吧.

其實也不算怎麼特別忙.

60.25.3 是不是身上哪兒不舒服，有沒有頭疼甚麼的呢？

沒有，沒有甚麼不舒服的地方.

60.25.4 我想你應該找個醫生檢查一下兒，或者上哪兒去

休養休養.

不必，沒有甚麼必要. 也許是天氣太熱的緣故；

我頂怕熱了.

60.25.5 對了，這幾天實在太熱. 今天才稍微涼快了一些.

是啊，今天不怎麼太熱了，所以我也覺得精神好

一點兒了.

60.25.6 哪天到我家來玩兒玩兒，好不好？

好，甚麼時候有空兒我一定來看你.

VOKABELN

60.41	會	huì	S	Versammlung, Sitzung; 開會 eine Sitzung abhalten, an einer Sitzung teilnehmen
60.42	而且	érqiě /126/	K	und, sowie, und dazu, sondern auch
60.43	公共	gōnggòng	Adj	gemeinschaftlich, öffentlich; 公共汽車 Autobus; 公共圖書館 öffentliche Bücherei
60.44	近來	jìnlái	S	die letzte Zeit; in der letzten Zeit, kürzlich
60.45	興趣	xìngqù /156.8	S	Interesse, Lust
60.46	其實	qíshí /40.11	Adv	in Wirklichkeit, eigentlich (: seine - Wirklichkeit)
60.47	算	suàn	V	rechnen, zählen; rechnen zu, betrachten als

60.48 甚麼的   <u>shénmode</u>   Pr   und so weiter, und dergleichen

60.49 檢查   <u>jiǎnchá</u>   V/S   untersuchen; Untersuchung (: kontrol-
         75.13/75.5   lieren - nachsehen)

60.50 休養   <u>xiūyǎng</u>   V/S   sich erholen; Erholung (: rasten -
         /184.6   pflegen)

60.51 必要   <u>bìyào</u>   Adj/S   erforderlich, notwendig; Notwendigkeit

60.52 緣故   <u>yuángù</u>   S   Grund, Ursache
         120.9/

60.53 實在   <u>shízài</u>   Adj   wahr, wirklich, in der Tat

60.54 稍微   <u>shāowéi</u>   Adv   ein wenig (: wenig - winzig)
         115.7/60.10

60.55 涼快   <u>liángkuai</u>   Adj   kühl
         85.8/

60.56 精神   <u>jīngshén</u>   S   Geist, geistige Verfassung (: Essenz -
         119.8/113.5   Geist)

ANMERKUNG

60.61 沒甚麼 und 不怎麼 können im Sinne von nicht besonders vor einem Adjektiv gebraucht werden. Sie sind austauschbar. So kann z.B. Satz 60.14 ohne Bedeutungsänderung wie folgt umformuliert werden: 這件衣服不怎麼好，也沒甚麼便宜．
(Mit 有意思 jedoch: 沒(有)甚麼意思；不怎麼有意思．)

ÜBUNGSAUFGABE

翻譯

60.71 Alle sagen sie, dieses Buch sei gut. Aber ich finde, es ist nicht besonders interessant.

60.72 Ich habe in diesen Tagen nichts zu tun, ich würde gern ein bißchen in einem Roman lesen. Hast du hier irgendeinen guten Roman?

60.73 Hast du irgendwelche Pläne für die Sommerferien? Willst du nicht irgendwohin verreisen?

60.74 Das hier ist ein französischer Brief, ich kann ihn nicht lesen. Habt ihr hier jemanden, der Französisch kann?

60.75 Eigentlich ist dieser Satz als nicht allzu schwierig anzusehen. Vielleicht liegt es an seiner Länge, daß du ihn nicht verstehst.

60.76 Ich kaufe nicht viel ein, nur etwas Briefpapier, Briefumschläge und ähnliches.

60.77 Ich bin jetzt nicht besonders hungrig, wollen wir mit dem Essen noch ein bißchen warten?

60.78 Es sind nicht viele Kommilitonen, die mit mir zusammen Chinesisch studieren, es sind nicht einmal zehn.

LEKTION 61   Fragewörter als Universalpronomen

GRAMMATIK

61.01 Interrogativpronomina können als Universalpronomina, d.h. im
Sinne von 'alle Elemente einer Menge umfassend' verwendet werden;
deutsch z.B.: 'alle, jeder, überall', bzw. in der Verneinung
'niemand, nichts, nirgendwo'.

61.02 Vor das Prädikat tritt bei der Verwendung der Fragewörter als
Universalpronomen das Adverb 都 , im verneinten Satz auch 也.

61.03 不管, 無論oder 隨便vor dem Universalpronomen bewirken eine
Verstärkung; deutsch oft '(wer, was, wann, etc.) auch immer'.

61.04 Ist das Universalpronomen Objekt bzw. attributive Bestimmung des
Objekts, gilt die Wortstellung S-O-P oder O-S-P; ist es Subjekt
bzw. attributive Bestimmung des Subjekts, gilt O-S-P oder S-P-O
(vgl. auch L.28). Ein Satz wie " 他誰都認識 " kann also zweideutig sein:"Er kennt alle" (誰 als Objekt: S-O-P) oder "Ihn kennt
jeder" (誰 als Subjekt: O-S-P); hier entscheidet der Kontext.

61.05 Sind sowohl Subjekt als auch Objekt Universalpronomen, ist nur
die Wortstellung S-P-O möglich. Beispiel: " 誰也不認識誰 ",
"Keiner kennt den anderen".

61.06 Universalpronomen treten häufig in zwei aufeinanderfolgenden
Teilsätzen auf, wobei der erste Teilsatz die Elemente der Gesamtheit näher charakterisiert, auf die sich das Universalpronomen des zweiten Teilsatzes bezieht. Im zweiten Teilsatz wird
都 nicht verwendet, es kann aber 就 oder auch ein anderes Adverb
verwendet werden. Im Deutschen entspricht dem eine Aussage der
folgenden Art:

  誰..., 誰 (就)...   derjenige, der...

                          wer ..., (der)...

  哪兒..., 哪兒(就)...   wo ..., (dort)...

  甚麼..., 甚麼(就)...   was ..., (das)...

61.07 An die Stelle des zweiten Interrogativpronomens kann auch ein
entsprechendes Personal- oder Demonstrativpronomen treten, also
他 statt 誰 , 那兒statt哪兒etc.; hierbei ist 就 oder ein anderes Adverb im zweiten Teilsatz erforderlich. Häufiger ist jedoch
eine Wiederholung des Interrogativpronomens.

MODELLSÄTZE

61.11 他誰都認識, 他認識所有的人.

61.12 他誰都認識, 每一個人都認識他.

61.13 一年以前咱們還誰也不認識誰呐.

61.14 無論是誰都不許在這兒抽烟.

61.15 誰寫完了, 誰就可以走了.

61.16 你喝點兒甚麼? 咖啡、茶, 還是啤酒?

甚麼都行, 甚麼方便甚麼好. 你喝甚麼我喝甚麼

ÜBUNGSSÄTZE

61.21 誰都不會回答這個問題; 老師問誰誰搖頭.

61.22 誰最後離開圖書館誰鎖門.

61.23 你們猜這是甚麼東西; 誰猜着了這就是他的.

61.24 隨你便, 你說哪兒好玩兒, 咱們就到哪兒去.

61.25 你隨便甚麼時候來我都歡迎.

61.26 不管你有甚麼理由也不許在這兒停車.

61.27 為人民服務, 無論甚麼工作我都肯幹, 不管甚麼
地方我都願意去.

61.28 我的主意決定了, 不論你怎麼勸, 我是不會改的

61.29 這兒鉛筆多着呐, 隨便拿吧. 你要幾枝就拿幾枝

61.30 這幅畫兒我喜歡極了, 賣給我吧. 你要多少錢我
付多少錢.

這是一件紀念品, 你出多少錢我也不賣.

61.31 普通的飯店都是吃多少東西算多少錢. 這家飯店
特別: 你付十五塊錢就可以隨便吃, 愛吃甚麼吃
甚麼, 能吃多少吃多少.

61.32 從今天起, 咱們上課的時候誰也不許再說德文了
誰說了一句德文, 他就得受罰.

61.33 他甚麼都會一點兒, 可是哪一樣也做不好.

VOKABELN

61.41	無論, 不論 86.87	Adv	einerlei, wie dem auch sei; wie immer auch, (wer, was, wo etc.) auch immer (: nicht - reden)
	wúlùn, búlùn		
61.42	不管 bùguǎn	Adv	wie 無論 (: nicht - sich kümmern)
61.43	隨便 suíbiàn 170.13	V/Adv	jemanden wählen lassen, es jemandem überlassen; nach Belieben, beliebig
61.44	好玩兒 hǎowánr	Adj	lustig; niedlich; interessant
61.45	離開 líkāi	V	verlassen, fernbleiben
61.46	搖 yáo 64.10	V	schütteln; 搖頭 Kopf schütteln; 搖手 mit der Hand eine abweisende Geste machen
61.47	歡迎 huānyíng /162.4	V	willkommen heißen, begrüßen (: froh - entgegenkommen)
61.48	理由 lǐyóu	S	Grund, Begründung (: Recht - folgern)
61.49	主意 zhúyì	S	Entschluß, Idee (: herrschen - Meinung)
61.50	服務 fúwù /19.9	V/S	Dienst leisten, dienen; Dienst
61.51	畫兒 huàr	S	Bild, Gemälde; Zw: 張, 幅 fú 50.9
61.52	付 fù 9.3	V	bezahlen
61.53	紀念品 jìniànpǐn //30.6	S	Andenken, Souvenir (: aufzeichnen - gedenken - Gegenstand); Zw: 件
61.54	出 chū	V	ausgeben, anbieten; 出價錢 eine Summe bieten
61.55	普通 pǔtōng 72.8/162.7	Adj	gewöhnlich; allgemein; einfach (: allgemein - durchgehen)
61.56	罰 fá 122.9	V/S	bestrafen; Strafe; 受罰 bestraft werden

ANMERKUNG

61.61 Ein prädikativisches Adjektiv kann durch das Durativ-Suffix 着 verstärkt werden; darauf folgt stets die Partikel 呐 . Beispiels weise bedeutet '多着呐' in Satz 61.29 etwa 'enorm viel'.

ÜBUNGSAUFGABE

翻 譯

61.71 Diese Buchhandlung taugt nichts; was für ein Buch du auch haben willst, sie hat es nicht.

61.72 Kauf bitte etwas Obst ein; nimm das, was du magst.

61.73 Bei uns zu Hause wird einzeln gegessen. Wer zuerst nach Hause kommt, ißt zuerst; keiner braucht auf den anderen zu warten.

61.74 Wann immer man ihn sieht, er ist jedesmal an der Arbeit.

61.75 Wenn jemand sehr durstig ist, ist es ihm egal, was er zu trinken kriegt.

61.76 Sachen, die mir gefallen, kaufe ich, auch wenn sie noch so teuer sind.

<u>LEKTION 62</u>   Die Gleichordnung und Unterordnung von Sätzen

<u>GRAMMATIK</u>

62.01 Sätze, die aufeinanderfolgen, können durch Adverbien aufeinander bezogen werden.

62.02 Wenn die Gleichordnung der Sätze besonders hervorgehoben werden soll, kann dies durch parallele Adverbien oder durch Konjunktionen erfolgen; z.B. 也 ... 也 ；不但 ... 而且.

62.03 Bei der Unterordnung zum Ausdruck von bedingenden, kausalen oder konzessiven Beziehungen steht im subordinierten Satz eine Konjunktion, im Hauptsatz eine Konjunktion und/oder ein Adverb.

62.04 Der subordinierte Satz steht zumeist vor dem Hauptsatz; wenn der Hauptsatz jedoch vor dem subordinierten Satz steht, können Konjunktion bzw. Adverb im Hauptsatz entfallen.

<u>MODELLSÄTZE</u>

62.11 因為這本書很好而且便宜，所以我買了它.

62.12 我買了這本書，因為它不但好而且便宜.

62.13 不好的書，就是便宜，我也不買.

62.14 那本書雖然好，可是太貴.

62.15 要是它便宜我就買.

62.16 要不是那本書那麼貴，我就買了它了.

62.17 只有你借給我錢，我才能買.

62.18 只要你借給我錢，我一定買.

62.19 既然沒有錢，你就不必買書.

62.20 與其借錢買書，不如不買.

<u>ÜBUNGSSÄTZE</u>

62.21 如果你明天不能來，就請你打個電話給我.

62.22 即使你不問我，我也要告訴你這件事的.

62.23 一百張紙兩塊半，五百張十一塊，一千張只要二十塊錢；買得越多越便宜.

62.24 夏天快到了，夜一天比一天短，天氣也越來越熱了．

62.25 別着急，越着急就越容易出錯兒．

62.26.1 這是一個很複雜而且很重要的問題，只有徹底地研究，才能找出解決它的辦法．

62.26.2 關於這個問題的研究，雖然我們已經有了一個計畫，但是我們還不能進行研究．

62.26.3 為甚麼呢？

62.26.4 因為進行這個計畫要用不少錢，我們沒有錢，所以不能進行．

62.26.5 假如有人出錢，你們甚麼時候可以開始研究呢？

62.26.6 只要有錢，研究馬上可以開始．

62.26.7 既然是這樣兒，那麼我去問問我們的公司願意不願意出錢．

VOKABELN

62.41	因為	yīnwei 31.3/	K	weil, da
62.42	不但	búdàn 79.5	K	nicht nur
62.43	就是	jiùshi	K	selbst wenn, wenn auch
62.44	雖然	suīrán 172.97	K	obwohl, obgleich
62.45	要不是	yàobúshi	K	wenn nicht
62.46	只有	zhǐyǒu	K	nur wenn

62.47 既然 <u>jìrán</u>   K   da ja, wenn schon
              71.5/

62.48 與其 ... 不如 ...   <u>yǔqí</u> ...   <u>bùrú</u> ...
              134.7/   /38.3

                        K   anstatt ... lieber ...
                        與其A 不如B = lieber B als A

62.49 如果 <u>rúguǒ</u>   K   wenn

62.50 即使 <u>jíshǐ</u>   K   selbst wenn
              26.5/9.6

62.51 越...越 <u>yuè</u>...<u>yuě</u>   K   je ... desto
              156.5

62.52 徹底 <u>chèdǐ</u>   Adj   gründlich
              60.12/

62.53 辦法 <u>bǎnfǎ</u>   S   Methode, Maßnahme, Verfahren

62.54 但是 <u>dànshi</u>   K   aber, jedoch

62.55 進行 <u>jìnxíng</u>   V   vorangehen, durchführen

62.56 假如 <u>jiǎrú</u>   K   wenn, falls

ÜBUNGSAUFGABE

先把短的詞句合成一個長句子，減去不必要的部分，再把它
翻譯成德文.

62.71 a. 來的人太少 b. 我們的會沒開成   c. 因為 d. 所以

62.72 a. 坐船比坐飛機舒服   b. 坐船比坐飛機慢得多

       c. 雖然 d. 但是

62.73 a. 他說中文說得很快   b. 他說中文很少出錯兒

       c. 而且 d. 不但

62.74 a. 我進城去買幾本書   b. 我父親寄給我的錢明天寄到

       c. 要是 (如果, 假如) d. 就

62.75   a. 你慢慢兒地說   b. 他們聽得懂   c. 只要   d. 就

62.76   a. 我能解決這個問題   b. 你幫我忙   c. 才   d. 只有

62.77   a. 我要餓死了   b. 我不肯做這件事   c. 即使(就是)   d.

62.78   a. 咱們在這兒等他   b. 咱們到他家去找他

      c. 與其 ... 不如 ...

62.79   a. 東西貴   b. 買的人多   c. 越 ... 越 ...

62.80   a. 他寫字寫得漂亮   b. 越 ... 越 ...

62.81   a. 我們看了電影   b. 我們買了很多東西   c. 還

      d. 除了 ... 以外

62.82   a. 我進了食堂   b. 我找着了座位   c. 一 ... 就 ...

VOKABELVERZEICHNIS

chángjiāng	長江	58.47	chuān	穿	23.49	de	得	26.41
chǎng	廠	55.51	chuānghu	窗戶	1.50	de	的	9.41
chànggēr	唱歌兒	47.51	chuáng	床	48.54	děi	得	29.48
cháodài	朝代	56.49	chuī	吹	37.51	dēng	燈	32.49
chǎo	吵	26.49	chūntian	春天	43.47	děng	等	17.52; 55.53
chē	車	3.44				děngyú	等於	6.56
-zhàn	車站	25.53	dǎ	打	28.42	dǐxia	底下	19.53
-huò	車禍	59.44	-diànhuà	打電話	28.42	dì	地	36.51
chèdǐ	徹底	62.52	-suàn	打算	54.51	-fang	地方	11.48
chéng	乘	6.53	dà		9.42; 26.48; 53.44	-shang	地上	36.51
chéng	城	19.44	-gài	大概	25.44	-tú	地圖	19.54
chéng	成	30.53	-hòutian	大後天	53.44	-xia	地下	36.51
-lì	成立	53.54	-jiā	大家	16.48	-xiàchē	地下車	36.52
chéngrèn	承認	38.45	-qiántian	大前天	53.44	dìdi	弟弟	10.55
chī	吃	21.43	-shēngr	大聲兒	24.53	dì	第	55.41
chǐ	尺	49.55	-xué	大學	25.50	-...shēng	第...聲	58.56
chōuyān	抽烟	28.51	-xuéshēng	大學生	47.47	diǎn	點	50.43
chū	出	30.43; 61.54	yī	大衣	23.50	-(zhōng)	點(鐘)	52.41
-bǎn	出版	30.46	dàibiǎo	代表	35.53	diàn	店	10.44
-bǎnshè	出版社	38.42	dài	帶	32.44	diànchē	電車	3.46
-fā	出發	48.50	dài	戴	33.43	-huà	電話	27.54
-jiàqián	出價錢	61.54	dànshi	但是	62.54	-shì	電視	47.52
-shēng	出生	47.48	dāng	當	35.42	-shìjī	電視機	47.52
-(yī)yuàn	出(醫)院	30.43	-rán	當然	39.48	-tī	電梯	32.54
-zū	出租	31.46	dǎo	倒	37.52	-yǐng(r)	電影(兒)	25.52
chū	初	56.52	dào	到	20.41	dǐng	頂	58.43
-bǎn	初版	56.54	-chù	到處	59.52	diū	丟	37.45
chū	齣	39.47	dào	道	21.55	dōngtian	冬天	33.47
chúchuāng	櫥窗	46.44	dé	得	6.55	dōng	東	31.51
chú	除	6.45	déguó	德國	5.49	-běi	東北	43.54
-le...yǐwài	除了...以外	51.51	-yǔ	德語	29.47	-dé	東德	50.52
chù	處	43.50	de	地	24.41	-xi	東西	7.51

dǒng	懂	15.43	fàn	飯	21.44	gāng	剛		17.48
dòng	動	34.53	-guǎnr	飯館兒	23.53	-cái	剛才		17.46
dōu	都	2.43	fāng	方	10.48	gāngbǐ	鋼筆		2.46
dú	讀	57.43	-bian	方便	39.45	gāo	高		10.51
dǔ	堵	19.51	fángzi	房子	19.48	-xìng	高興		24.42
dùzi	肚子	26.47	fángzū	房租	51.48	gàosu	告訴		15.42
duǎn	短	8.49	fàng	放	33.42	gēge	哥哥		10.53
duì	對	8.54; 40.49	fēijī	飛機	3.48	gè	個		7.41
-bùqǐ	對不起	17.50	-jīchǎng	飛機場	52.48	-zi	個子		45.49
dùn	頓	21.44	fēi...bùkě	非...不可	52.54	gè	各		50.51
duō	多	8.43; 49.50	-cháng	非常	43.45	gěi	給		20.52
-shǎo	多少	11.43	-zhōu	非洲	35.56	gēn	跟		1.46; 13.54
duó	多	49.50	fèi	費	51.49	gèng	更		58.41
duǒ	朵	27.52	fēn	分	50.41; 51.43	gōngchǐ	公尺		49.55
			-zhōng	分鐘	52.43	-gòng	公共		60.43
è	餓	40.52	fěnbǐ	粉筆	2.47	-jīn	公斤		50.49
érnǚ	兒女	56.53	fèn	份	13.55	-lǐ	公里		49.51
-zi	兒子	55.49	fēng	封	27.55	-lù	公路		59.42
érqiě	而且	60.42	fēng	風	37.50	-sī	公司		37.56
ěrduo	耳朵	45.56	fú	幅	61.51	-yuán	公元		53.50
-jī	耳機	33.44	fúwù	服務	61.50	gōngchǎng	工廠		55.51
èr	二	6.42	fù	付	61.52	-rén	工人		46.51
-děng	二等	55.53	fù	副	33.44	-yè	工業		57.50
			fùxí	復習	44.50	-zī	工資		51.54
fāshēng	發生	59.43	fùqin	父親	13.43	-zuò	工作		44.46; 46.55
-yīn	發音	58.54	fùzá	複雜	44.54	gòu	夠, 够		32.41
fá	罰	61.56	fùjìn	附近	25.54	gǔ	古		56.48
fǎguó	法國	45.48				gùshi	故事		33.54
-guóhuà	法國話	45.48	gāi	該	29.44	guà	掛		48.42
-guórén	法國人	45.48	gǎi	改	25.47	guān	關		33.45
-wén	法文	45.48	gānjing	乾淨	8.48	-xi	關係		22.47
fānchuán	帆船	59.57	gàn	幹	14.49	-yú	關於		44.45
fānyì	翻譯	30.52							

guǎn	管	16.44	hé	合	56.55	huàn	換	51.56
guǎngzhōu	廣州	43.49	hé	和	21.51	huí	回	13.50; 35.46
guì	貴	34.48	-píng	和平	41.48	-dá	回答	24.46
guójiā	國家	46.53	héliú	河流	58.46	-jiǎng	回講	28.49
guò	過	27.48; 43.41	hēi	黑	24.54	huǐ	毀	59.45
			-bǎn	黑板	1.51	huì	會	5.53; 29.42; 60.41
háizi	孩子	55.48	hěn	很	8.41	hūn	昏	33.55
hái	還	5.52	hóng	紅	32.47	huó	活	34.43
-búshi	還不是	38.50	-lǜdēng	紅綠燈	32.49	huǒchē	火車	3.47
-shi	還是	25.41	hòu	厚	9.44	huòzhě	或者	25.45
hán	寒	54.49	hòu	後	18.46			
-jià	寒假	54.49	-lái	後來	23.55	jīqì	機器	3.50
hàn	漢	36.45	-tian	後天	28.48	jī	鷄	3.51
-bǎo	漢堡	19.42	hūrán	忽然	47.55	jíshǐ	即使	62.50
-cháo	漢朝	56.49	hú	湖	59.50	jímáng	急忙	46.46
-dài	漢代	56.49	húzi	鬍子	45.51	jí	極	30.54
-dé	漢德	39.44	huā	花	27.52	jǐ	幾	11.42
-rén	漢人	36.45	-pén	花盆	27.51	jì	季	53.46
-xué	漢學	36.45	-píng	花瓶	48.44	jì	寄	31.42
-yīng	漢英	39.46	-r	花兒	27.52	jìrán	既然	62.47
-yǔ	漢語	29.47	-yuán	花園	19.49	jìniànpǐn	紀念品	61.53
-zì	漢字	36.45	huá	華	50.45	jì	記	37.43
háng	行	55.43	-běi	華北	50.45	jìhuà	計畫	44.48
hǎo	好	8.42; 20.44	-lǐ	華里	50.45	jiā	加	6.51
		35.47	-rén	華人	50.45	jiāfēi	咖啡	28.53
-chī	好吃	21.54	-wén	華文	50.45	jiā	家	10.43; 13.45
-hē	好喝	21.54	huàbào	畫報	3.42	jiǎrú	假如	62.56
-kàn	好看	21.54	-r	畫兒	61.51	jià	假	54.48
-wánr	好玩兒	61.44	huà	話	5.45	-qī	假期	54.48
-xiàng	好像	40.45	huài	壞	22.54	jià	價	51.50
hào	號	49.46; 53.42	huānyíng	歡迎	61.47	-qián	價錢	51.50
hē	喝	14.54	huán	還	27.43	jià	架	22.53

jiān	尖	45.53	jīntian	今天	12.46	-shǐ 開始 22.52
jiān	間	14.50	jīn	斤	50.49	kàn 看 5.48; 23.52
jiǎn	剪	38.47	jìn	近	52.53	-bùqǐ 看不起 34.51
-zi	剪子	38.47	-lái	近來	60.44	kàngrì 抗日 53.51
jiǎnchá	檢查	60.49	jìn	進	19.45	kǎoyā 烤鴨 25.55
jiǎn	減	6.52	-xíng	進行	62.55	kǎo 考 54.47
jiǎnshǎo	減少	57.54	jīngjù	京劇	39.52	-lù 考慮 44.55
jiǎnzhí	簡直	41.53	-xì	京戲	39.50	-shì 考試 44.49
jiàn	件	7.50	jīngshén	精神	60.56	kē 棵 19.50
jiànshè	建設	46.54	jīngguò	經過	42.54	kē 顆 15.54
jiànjiàn	漸漸	33.50	jiǔ	久	33.56	kěnéng 可能 22.42
jiàn	見	30.48	jiǔ	九	6.49	-xī 可惜 43.55
-miàn	見面	57.48	jiǔ	酒	28.52	-yǐ 可以 29.43
jiāngjìn	將近	56.56	-píng	酒瓶	48.44	-shi 可是 23.54
jiǎng	講	24.48	jiù	就	11.47; 45.41	kě 渴 40.53
-kè	講課	24.48	-shi	就是	62.43	kè(zhōng) 刻(鐘) 52.42
-shū	講書	24.48	jiù	舊	9.54	kè 客 21.53
jiǎngyì	講義	13.55	jiùjiu	舅舅	16.54	-qi 客氣 34.41
jiāo	交	31.41	-fù	舅父	16.54	kèrén 客人 21.53
jiāo	教	14.47	jūmín	居民	49.47	kè 課 12.47; 24.44
jiǎo	角	51.42	jǔ	舉	22.44	kěn 肯 44.47
jiào	叫	16.41	jùchǎng	劇場	39.55	kǒng(fū)zǐ 孔(夫)子 53.55
jiàoshì	教室	14.50	jù	句	10.57	kǒngpà 恐怕 40.42
jiē	接	47.43	-zi	句子	8.53	kòngr 空兒 12.49
jiē	街	13.48	juǎn	捲	27.44	kǒu 口 36.53; 42.48
jié	節	12.47	juédìng	決定	44.56	-shì 口試 54.45
jiéshù	結束	53.52	juéde	覺得	26.54	kǔ 苦 45.46
jiějie	姐姐	9.51				kùzi 褲子 31.47
jiějué	解決	37.53	kāfēi	咖啡	28.53	kuài 塊 51.44
-shì	解釋	28.46	kǎpiàn	卡片	31.45	kuài 快 24.45; 26.44
jièshào	介紹	43.42	kāi	開	20.46	-xìn 快信 32.53
jiè	借	27.41	-huì	開會	60.41	kuān 寬 58.44

lā	拉	42.52	lìng	另	28.41	-le	沒了	23.46
lái	來	5.41; 36.54	-wài	另外	41.54	-yòngchù	沒用處	35.49
-bùjí	來不及	36.49	liú	劉	16.47	měi	每	42.43
-huí	來回	42.45	liú	流	38.51	měi	美	58.51
lǎo	老	16.46; 34.44	liú	留	48.48	-guó	美國	31.44
-shī	老師	4.52	liù	六	6.46	-zhōu	美洲	55.56
le	了	21.41; 23.42	lòng	弄	30.51	mèimei	妹妹	9.53
lèi	累	52.49	lóu	樓	19.46	mén	門	1.49
lěng	冷	23.48	-shàng	樓上	19.46	-kǒu(r)	門口(兒)	17.53
lí	離	49.49	-tī	樓梯	32.54	miàn	面	18.52; 19.51
-kāi	離開	61.45	-xià	樓下	19.46	-jí	面積	49.52
lǐfà	理髮	38.46	lù	路	16.50	-r	面兒	18.52
-fàguǎn	理髮館	38.46	lùyīn	錄音	30.50	miànbāo	麵包	50.50
-yóu	理由	61.48	-yīndài	錄音帶	27.44	miǎo (zhōng)	秒(鐘)	52.44
lǐbài	禮拜	53.43	-yīnjī	錄音機	3.49	míng	名	55.54
-bàirì	禮拜日	53.43	luàn	亂	37.47	míngzi	名字	16.43
-bàitiān	禮拜天	53.43	lǔxíng	旅行	27.47	míngbai	明白	28.43
lǐ	裏	18.41	-xíngshè	旅行社	38.42	-tian	明天	12.48
lǐ	里	49.51	lǜ	綠	32.48	mò	末	53.47
lìshǐ	歷史	25.48	máfan	麻煩	40.54	mǔqin	母親	15.46
liánhéguó	聯合國	35.54	mǎshàng	馬上	20.43	ná	拿	22.41
liǎn	臉	45.50	ma	嗎	13.41	nǎ	哪	11.45
liànxí	練習	12.55	mǎi	買	5.47	-li	哪裏	17.43
liángkuai	涼快	60.55	-bùqǐ	買不起	34.49	-r	哪兒	17.43
liǎng	兩	7.42	mài	賣	5.42	nà	那	1.44; 7.45
liàng	亮	52.52	mǎn	滿	59.46	-li	那裏	17.42
liàng	輛	13.42	màn	慢	24.55	-mo(yang)	那麼(樣)	28.50
liǎo	了	34.42	máng	忙	26.42	-r	那兒	17.42
-jiě	了解	40.51	máo	毛	12.45; 51.45	nánjīng	南京	16.49
línzi	林子	47.46	-bǐ	毛筆	2.48	-měizhōu	南美洲	55.56
líng	零	49.45	-yī	毛衣	51.47	nán	男	45.47
-qián	零錢	51.57	méi	沒	12.42	nán	難	8.51

nánguài	難怪	48,47	pà	怕	35.50	qì	氣	47.54
ne	呐	47.41	pái	排	55.47	-hòu	氣候	57.49
ne	呢	39.41	pài	派	35.52	qìchē	汽車	3.45
něi	哪	11.45	páng	旁	18.53	qiān	千	49.42
nèibù	內部	38.54	-biān(r)	旁邊(兒)	18.53	qiānbǐ	鉛筆	2.45
-zhèng	內政	54.53	pàng	胖	10.54	qián	前	18.45
-zhèngbù	內政部	54.53	péi	陪	35.51	-hòu	前後	56.43
nèi	那	7.45	pén	盆	27.51	-nián	前年	25.43
néng	能	29.41	péngyou	朋友	9.49	-tian	前天	22.45
-gan	能幹	21.56	pīpíng	批評	38.43	qián	錢	31.43
-lì	能力	57.44	píjiǔ	啤酒	40.55	qiáng	強	57.45
nǐ	你	4.42	piān	篇	28.44	qiáng	墻	19.51
-men	你們	4.49	piányi	便宜	34.50	qiāo	敲	42.50
nián	年	7.54	piàn	騙	38.44	qīngchu	清楚	27.53
-jí	年級	55.46	-zi	騙子	38.44	qīng	輕	38.53
-jì	年紀	15.47	piāo	飄	59.47	qīngcài	青菜	21.52
-qīng	年輕	38.53	piàoliang	漂亮	10.42	-dǎo	青島	43.52
niàn	念	11.52	piào	票	30.45	qíngkuàng	情況	40.50
nín	您	4.43	-jià	票價	51.50	qǐng	請	17.51
-men	您們	4.03	piàozi	票子	51.55	-jià	請假	54.48
niúnǎi	牛奶	39.42	pīnyīn	拼音	36.46	-wèn	請問	41.43
nóngrén	農人	46.50	píngfāng	平方	49.53	qióng	窮	26.55
-yè	農業	57.53	píng(r)	瓶(兒)	48.44	qiūtian	秋天	27.46
nòng	弄	30.51	-zi	瓶子	48.44	qù	去	13.51
-cuò	弄錯	57.47	pò	破	54.42	-nián	去年	25.42
nǔlì	努力	14.43	pǔtōng	普通	61.55	quántǐ	全體	50.55
nǚer	女兒	55.50				quàn	勸	35.48
nuǎnhuo	暖和	33.48	qī	七	6.47			
-qì	暖汽	48.46	qíguài	奇怪	32.55	ràng	讓	35.44
			qíshí	其實	60.46	rè	熱	45.42
ōuzhōu	歐洲	37.55	qǐ	起	32.46	rén	人	7.52
			-fēi	起飛	52.47	-jia	人家	26.51

rénkǒu	人口	49.48	shàng	上	13.47; 18.43	shíjiān	時間	43.48
rènshi	認識	23.44	-bān	上班	39.57	shítáng	食堂	43.44
rì	日	53.41	-hǎi	上海	39.51	shìjì	世紀	56.51
-bào	日報	41.45	-huí	上回	35.46	-jiè	世界	41.44
-běn	日本	15.44	-kè	上課	14.51	-jièdàzhàn	世界大戰	42.56
-wén	日文	15.44	-wǔ	上午	12.50	shì	事	12.51
-qī	日期	36.44	-xià	上下	56.41	-qing	事情	12.51
-yǔ	日語	29.47	shāowéi	稍微	60.54	shì	市	50.48
róngyj	容易	8.52	shǎo	少	8.44	-chǐ	市尺	50.48
rúguǒ	如果	62.49	shè	社	38.42	-jīn	市斤	50.48
			-lùn	社論	41.46	shì	是	1.42
sān	三	6.43	shéi	誰	11.44	shì	試	44.44
sǎn	傘	48.55	shēntǐ	身體	15.48	shōu	收	33.49
sànbù	散步	44.41	shénmo	甚麼	11.41	-shi	收拾	48.51
sī	私	58.49	-mode	甚麼的	60.48	shǒu	手	20.50
sì	四	6.44	shēng	生	15.50	shǒudū	首都	39.54
-shēng	四聲	58.56	-bing	生病	15.50	shòu	受	38.55
sòng	送	27.50	-cí	生詞	46.41	-fá	受罰	61.56
sùshè	宿舍	13.46	-chǎn	生產	57.51	-shāng	受傷	38.55
suān	酸	45.43	-huó	生活	26.56	shòu	瘦	10.56
suàn	算	60.47	-rì	生日	27.49	shūfù	叔父	16.52
suīrán	雖然	62.44	-zì	生字	33.51	-shu	叔叔	16.52
suíbiàn	隨便	61.43	shēngr	聲兒	24.53; 42.46	shū	書	1.43
suì	歲	53.48	-diào	聲調	58.55	shūfu	舒服	10.46; 22.46
suǒ	所	11.49	shěng	省	46.47	shǔ	數	46.42
-yǐ	所以	43.56	shèng	剩	56.44	shǔ	暑	54.50
-yǒu	所有	28.45	-xia	剩下	56.44	-jià	暑假	54.50
suǒ	鎖	34.46	shīyè	失業	50.53	shù	束	27.52
			shí	十	6.50	shù	樹	2.50
shān	山	49.54	-zìlùkǒu(r)	十字路口(兒)	31.52	-línzi	樹林子	47.46
shāng	傷	38.49	shízài	實在	60.53	shuāng	雙	20.50
shāngrén	商人	46.52	shíhou(r)	時候(兒)	13.53	shuí	誰	11.44

shuǐ	水	28.54
-diànfèi	水電費	51.49
-guǒ	水果	21.50
shuì	睡	21.45
-jiào	睡覺	21.45
shuō	說	5.44
-fǎ	說法	57.55
tā	他	4.44
-men	他們	4.50
tā	她	4.45
tā	牠	4.46
tā	它	4.46
tái	抬	34.51
tài	太	26.52
-tai	太太	9.50
tán	談	41.47
táng	堂	12.47
táng	糖	39.43
tàng	趟	42.44
tǎolùn	討論	41.56
tèbié	特別	40.46
téng	疼	15.53
tī(zi)	梯(子)	32.54
tì	替	20.51
tiān	天	7.56
-jīn	天津	43.52
-qi	天氣	23.47
tián	甜	45.44
tiáo	條	13.48
tiàowǔ	跳舞	47.50
tīng	聽	24.52

-shuō	聽說	43.46
-xiě	聽寫	35.41
tíng	停	24.47
tóngxué	同學	8.45
-yì	同意	41.55
tóu	頭	15.52; 18.51
		55.44
-děng	頭等	55.53
-fa	頭髮	38.46
túshūguǎn	圖書館	13.52
tuán	團	39.53
wài	外	18.42
-guó	外國	18.54
-guórén	外國人	18.54
-guóhuà	外國話	18.54
-jiāo	外交	54.55
-wén	外文	18.54
wán	完	26.43
-quán	完全	22.50
wánr	玩兒	59.55
wǎn	晚	30.44
-shang	晚上	22.43
wàn	萬	49.43
wǎng	往	31.50
wàng	往	31.50
wàng	忘	37.42
wèi	位	7.53
wèi	為	20.53
-shénmo	為甚麼	20.55
wei	喂	41.42
wénfǎ	文法	24.49

-huà	文化	56.47
-xué	文學	14.46
-zhāng	文章	28.44
wèn	問	21.42
-jù	問句	37.57
-tí	問題	12.44
wǒ	我	4.41
-men	我們	4.47
wò shǒu	握手	46.45
wūzi	屋子	19.41
wúlùn	無論	61.41
wǔ	五	6.45
xīwàng	希望	15.41
xī	西	31.55
-dé	西德	50.52
-wén	西文	56.46
xǐhuan	喜歡	10.45
xǐzǎo	洗澡	47.42
xì	戲	39.47
xì	系	55.45
xì	細	10.49
xià	下	18.44; 22.48
-bān	下班	39.58
-chē	下車	22.48
-huí	下回	35.46
-kè	下課	22.48
-r	下兒	42.51
-wǔ	下午	12.52
-xué	下學	22.48
-yǔ	下雨	47.45
xiàtian	夏天	40.47

xiān	先	23.51	-qīrì	星期日	53.41	-tóu	搖頭	61.46
-sheng	先生	9.46	xíng	行	51.58	yào	要	11.54; 29.46
xián	鹹	45.45	-li	行李	48.52	-búshì	要不是	62.45
xiànzài	現在	13.49	xǐng	醒	33.57	-hǎo	要好	20.44
xiāngzi	箱子	36.53	xìng	姓	16.42	-jǐn	要緊	29.53
xiǎng	想	29.45	-míng	姓名	16.45	-míng	要命	26.53
xiàng	像	40.45	xìngqù	興趣	60.45	-sǐ	要死	26.50
-piànr	像(相)片兒	48.43	xiōngdì	兄弟	16.53	-shi	要是	36.55
xiàng	向	31.53	xiūxi	休息	14.52	yàoshi	鑰匙	34.47
xiāoxi	消息	27.45	-yǎng	休養	60.50	yě	也	2.42
xiǎo	小	9.43	xūyào	需要	41.52	-xǔ	也許	40.43
-háir	小孩兒	55.48	xǔ	許	29.54	yè	夜	54.41
-háizi	小孩子	55.48	xuǎn	選	35.55	yè	頁	55.42
-jie	小姐	9.52	xué	學	5.51	yī (yí, yì)	一	6.41
-shēngr	小聲兒	24.53	-qī	學期	53.45	- . . . jiù	一...就	33.52
-shí	小時	51.53	-sheng	學生	4.51	-bèizi	一輩子	34.45
-shuō(r)	小說(兒)	28.47	-xí	學習	24.43	-biānr	一邊兒	48.53
-xīn	小心	36.50	-xiào	學校	11.49	-diǎnr	一點兒	15.45
xiàozhǎng	校長	54.52	xuè	血	38.52	-dìng	一定	17.49
xiào	笑	26.45				-gòng	一共	7.47
-huà(r)	笑話(兒)	26.46	yāzi	鴨子	25.55	-huǐr	一會兒	14.53
xiē	些	11.55	yá	牙	15.54	-kuàir	一塊兒	12.53
xié	鞋	31.49	yàzhōu	亞洲	40.48	-yàng	一樣	57.41
xiě	寫	14.42	yánjiū	研究	44.52	yīfu	衣服	10.41
xiě	血	38.52	yǎnchū	演出	39.56	yīsheng	醫生	35.43
xiè	謝	14.48	-jiǎng	演講	58.48	-yuàn	醫院	30.42
-xie	謝謝	8.47	yǎn	眼	42.49	yǐhòu	以後	21.48
xīn	新	9.55	yǎnjing	眼睛	45.52	-qián	以前	21.47
-wén	新聞	19.55	yángzǐjiāng	揚子江	58.45	-wéi	以為	58.50
xìn	信	27.55	yàng	樣	21.55	yǐjīng	已經	23.41
-fēng	信封	27.55	yáo	搖	61.46	yǐzi	椅子	1.47
xīngqī	星期	7.57	-shǒu	搖手	61.46	yìsi	意思	11.53

yì	億	49.44	yuǎn	遠	31.56	zǔfù	祖父	42.53
yīnwei	因為	62.41	yuànyi	願意	29.56	zuǐ	嘴	45.55
yīnggāi	應該	29.44	yuè	月	7.55	zuì	最	58.42
yīngguó	英國	14.45	-zū	月租	51.48	-jìn	最近	58.52
-wén	英文	14.41	yuè	越	62.51	zuótian	昨天	14.44
-yǔ	英語	29.47	yún	雲	59.49	zuǒ	左	18.47
yǒngyuǎn	永遠	42.55				-yòu	左右	56.42
yòng	用	20.49	zámen	咱們	4.48	zuòzhě	作者	41.49
-chù	用處	35.49	zázhì	雜誌	3.43	zuò	做	12.54
-fǎ	用法	22.49	zài	再	32.43	zuò	坐	20.42
-xīn	用心	24.51	-bǎn	再版	56.54	zuò	座	13.46
yóuqí	尤其	58.57	-jiàn	再見	36.56	-wèi	座位	35.45
yóu	游	59.56	zài	在	17.44			
yóuchāi	郵差	32.51	- ... yǐnèi	在...以内	52.55			
-fèi	郵費	51.49	zāogāo	糟糕	37.44	zhǎn	盞	32.49
-jú	郵局	32.50	zǎo	早	8.46; 24.56	zhàn	占	50.54
-piào	郵票	32.52	-shang	早上	52.51	zhànqián	戰前	43.51
yǒu	有	12.41	zěnmo	怎麼	20.45	-zhēng	戰爭	42.56
-de	有的	47.49	-mobàn	怎麼辦	37.46	zhàn	站	33.41
-míng	有名	56.50	-moyàng	怎麼樣	20.45	zhāng	張	7.48; 9.45
-yìsi	有意思	12.43	zènmo	這麼	22.51	zhǎng	長	54.52; 57.46
-yòng(chù)	有用(處)	35.49	zēngjiā	增加	57.52	zhāojí	着急	20.54
yòu	又	9.48	zì	字	11.50	zháo	着	30.41
yòu	右	18.48	-diǎn	字典	27.42	zhǎo	找	11.46; 51.46
yǔqí . . . bùrú	與其...不如	62.48	zìjǐ	自己	31.48	zhàopiān(r)	照片(兒)	48.43
yǔyán	語言	29.47	-yóu	自由	25.49	zhè	這	1.41; 7.43
yǔsǎn	雨傘	48.55	zǒng(shi)	總(是)	46.43	-li	這裏	17.41
yù	遇	30.47	zǒu	走	5.46	-r	這兒	17.41
yuán	元	51.41; 53.50	zū	租	31.46; 51.48	zhe	着	48.41
-nián	元年	53.50	-gěi	租給	31.46	zhèi	這	7.43
yuán	圓	10.47	zūqián	租錢	51.48	-huí	這回	35.46
yuángù	緣故	60.52	zúqiúsài	足球賽	47.53	zhēn	真	17.45

zhèn	陣	37.50	zhǐ	紙	2.49	zhòng	種	59.51
zhěng	整	52.46	zhōngfàn	中飯	43.43	zhòng	重	34.52
-qí	整齊	37.49	-guó	中國	5.50	-yào	重要	48.49
zhèngzhìxué	政治學	25.46	-huá	中華	50.45	zhōu	週	51.52
zhèng	正	30.55	-huá mínguó	中華民國	53.49	-mò	週末	53.47
zhī	之	50.42	-huá rénmín gònghéguó			zhúyì	主意	61.49
zhī	枝	7.46		中華人民共和國	53.53	zhǔxí	主席	35.57
zhīdào	知道	13.44	-jiān	中間	19.52	zhù	住	23.43
zhī	隻	16.56	-jiànr	中間兒	19.52	zhùyì	注意	36.43
zhíde	值得	44.51	-měizhōu	中美洲	55.56	zhuānxīn	專心	54.43
zhǐ	只	5.43	-wén	中文	14.41	zhuǎn	轉	31.54
-guǎn	只管	36.47	-xué	中學	55.52	zhuàng	撞	38.48
-yào	只要	29.52	zhōng	鐘	16.55	zhǔnbèi	準備	30.49
-yǒu	只有	62.46	-tóu	鐘頭	21.46	zhuōzi	桌子	1.45
zhǐ	指	55.55	zhǒng	種	29.47; 42.47			

ZEICHENREGISTER

<u>1</u>　一

(0)	一	6.41
	一共	7.47
	一塊兒	12.53
	一會兒	14.53
	一點兒	15.45
	一定	17.49
	一...就	33.52
	一輩子	34.45
	一邊兒	48.53
	一樣	57.41
(1)	七	6.47
(2)	三	6.43
	上	13.47; 18.43
	上午	12.50
	上課	14.51
	樓上	19.46
	馬上	20.43
	晚上	22.43
	上回	35.46
	地上	36.51
	上海	39.51
	早上	52.51
	上下	56.41
	上班	39.57
	下	18.44; 22.48
	下午	12.52
	樓下	19.46
	底下	19.53
	下課	22.48
	下學	22.48

	下車	22.48
	下回	35.46
	地下	36.51
	地下車	36.51
	下班	39.57
	下兒	42.51
	下雨	47.45
	剩下	56.44
(3)	不	2.41
	不用	29.51
	不必	29.50
	買不起	34.49
	看不起	34.51
	不得了	34.55
	不然	36.48
	來不及	36.49
	不過	39.58
	不見得	40.44
	差不多	52.50
	非...不可	52.54
	不同	57.56
	不見	59.41
	不論	61.41
	不管	61.42
	不但	62.42
	要不是	62.45
	與其...不如	62.48
(4)	且	
	並且	44.53
	而且	60.42
	世	
	世界	42.56
	世紀	56.51

(7)	並[并]	
	並且	44.53

<u>2</u>　丨

(3)	中	中國	5.50
		中文	14.41
		中間	19.52
		中間兒	19.52
		中飯	43.43
		中華	50.45
		中華民國	53.49
		中華人民共和國	53.53
		中學	55.52

<u>3</u>　丶

(4)	主	
		主席	35.57
		主意	61.49

<u>4</u>　丿

(2)	久	33.56
(3)	之	50.42
(5)	丟	37.45
(9)	乘	6.53

<u>5</u>　乙 乚

(1)	九	6.49
(2)	也	2.42
		也許	40.43
(10)	乾[干]	
		乾淨	8.48
(12)	亂[乱]	37.47

<u>6</u>　亅

(1)	了	21.41; 23.42
		34.42
		沒了	23.46

(2)	及				只有	62.46		哪裏	17.43
		來不及	36.49		只要	29.52	啤	啤酒	40.55
	友	朋友	9.49	(3) 吃		21.43	啊		41.41
(6)	受		38.55		好吃	21.54	唱	唱歌兒	47.51
		受罰	61.56	各		50.51	啡	咖啡	28.53
	叔	叔父	16.52	合		56.55	商	商人	46.52
		叔叔	16.52		聯合國	35.54	問[问]		21.42
30	**口**			名		55.54		問題	12.44
(0)	口		36.53; 42.48		名字	16.43		問句	37.57
		門口(兒)	17.53		姓名	16.45		請問	41.43
		十字路口(兒)	31.52		有名	56.50	(9) 喝		14.54
		人口	49.48	同	同學	8.45		好喝	21.54
		口試	54.45		同意	41.55	喂		41.42
(2)	古		56.48		不同	57.56	喜	喜歡	10.45
	叫		16.41	向		31.53	(10) 嗎[吗]		13.41
	句		10.57	(4) 吧		36.41; 40.41	(11) 嘗[尝]		44.42
		句子	8.53	吵		26.49	(13) 器		
		問句	37.57	吹		37.51		機器	3.50
	可	可能	22.42	告	告訴	15.42	嘴		45.55
		可是	23.54	呐		47.41	**31**	**囗**	
		可以	29.43		着呐	61.51	(2) 四		6.44
		可惜	43.55	(5) 和		21.51		四聲	58.56
		非…不可	52.54		暖和	33.48	(3) 回		13.50; 35.46
	另		28.41		和平	41.48		回答	24.46
		另外	41.54	咖	咖啡	28.53		回講	28.49
	司	公司	37.56	命	要命	26.53		這回	35.46
		百貨公司	46.48	呢		39.41		上回	35.46
	史	歷史	25.48	(6) 品	紀念品	61.53		下回	35.46
	右		18.48	咱	咱們	4.48		來回	42.45
		左右	56.42	哥	哥哥	10.53	因	因為	62.41
	只		5.43	哪		11.45	(8) 國[国]		
		只管	36.47		哪兒	17.43		德國	5.49

38 女 女		肚子	26.47		學校	11.49	
(0) 女		褲子	31.47		文學	14.46	
	女兒 55.50	梯子	32.54		下學	22.48	
	兒女 56.53	一輩子	34.45		學習	24.43	
(2) 奶		箱子	36.53		政治學	25.46	
	牛奶 39.42	騙子	38.44		大學	25.50	
(3) 好	8.42; 20.44; 35.47	剪子	38.47		漢學	36.45	
	要好 20.44	個子	45.49		大學生	47.47	
	好吃 21.54	鬍子	45.51		學期	53.45	
	好喝 21.54	鼻子	45.54		中學	55.52	
	好看 21.54	(樹)林子	47.46	**40 宀**			
	好像 40.45	瓶子	48.44	(2) 它		4.46	
	好玩兒 61.44	票子	51.55	(3) 安			
如		孔(夫)子	53.55		安靜	24.50	
	與其…不如 62.48	孩子	55.48	(4) 完		26.43	
	如果 62.49	兒子	55.49		完全	22.50	
	假如 62.56	揚子江	58.44	(5) 定			
她	4.45	(1) 孔			一定	17.49	
(5) 姐		孔(夫)子	53.55		決定	44.56	
	姐姐 9.51	(3) 字	11.50	宜	便宜	34.50	
	小姐 9.52	名字	16.43	(6) 客		21.53	
妹	妹妹 9.53	字典	27.42		客人	21.53	
始	開始 22.52	十字路口(兒)	31.52		客氣	34.41	
姓	16.42	生字	33.51	室	教室	14.50	
	姓名 16.45	漢字	36.45	(7) 家		10.43; 13.45	
39 子		(5) 季	53.46		大家	16.48	
(0) 子	桌子 1.45	(6) 孩			人家	26.51	
	椅子 1.47	孩子	55.48		搬家	32.42	
	本子 3.41	小孩兒	55.48		國家	46.53	
	句子 8.53	(13) 學[学]	5.51	容	容易	8.52	
	屋子 19.41	學生	4.51	(8) 寄		31.42	
	房子 19.48	同學	8.45	宿	宿舍	13.46	

	舒服	10.46; 22.46		東北	43.54		那麼樣	28.50
	服務	61.50	果	水果	21.50		一樣	57.41
朋	朋友	9.49		如果	62.49	(12)	機〔机〕	
(7)	望		林	柏林	19.43		機器	3.50
	希望	15.41		(樹)林子	47.46		飛機	3.48
(8)	朝		枝		7.46		錄音機	3.49
	朝代	56.49	(5)	柏			開機器	20.46
	漢朝	56.49		柏林	19.43		耳機	33.44
	期 星期	7.57		檢查	60.49		樹〔树〕	2.50
	日期	36.44	查	架子	22.53		樹林子	47.46
	星期日	53.41	(6)	校		(13)	檢〔检〕	
	學期	53.45		學校	11.49		檢查	60.49
	假期	54.48		校長	54.52	(15)	櫥〔橱〕	
75			桌 桌子	1.45		櫥窗	46.44
(1)	本	7.44	(7)	梯 梯子	32.54	**76**	欠
	本子	3.41		電梯	32.54	(2)	次	42.41
	日本(國)	15.44		條〔条〕	13.48	(10)	歌
	日本話	15.44	(8)	棵	19.50		唱歌兒	47.51
	本來	37.54	椅 椅子	1.47		歉 抱歉	47.44
	末	53.47	(9)	楚		(11)	歐〔欧〕	
	週末	53.47		清楚	27.53		歐洲	37.55
(2)	朵	27.52	概 大概	25.44	(18)	歡〔欢〕	
	耳朵	45.56	極〔极〕	30.54		喜歡	10.45
(3)	李		業〔业〕失業	50.53		歡迎	61.47
	行李	48.52		工業	57.50	**77**	止
	束	27.52		農業	57.53	(1)	正	30.55
	結束	53.52	(11)	樓〔楼〕	19.46	(3)	步
(4)	板			樓上	19.46		散步	44.41
	黑板	1.51		樓下	19.46	(9)	歲〔岁〕	53.48
杯	杯子	32.45		樓梯	32.54	(12)	歷〔历〕	
	東	31.51	樣〔样〕	21.55		歷史	25.48
	東西	7.51		怎麼樣	20.45	**78**	歹

(12)	鐘[钟]		16.55		出(醫)院	30.43	(6)	需	
	鐘頭		21.46		陣[阵]	37.50		需要	41.52
	...點鐘		52.41	(8)	陪	35.51	**174 青**		
	...刻鐘		52.42	(13)	隨[随]		(0)	青	
	...分鐘		52.43		隨便	61.43		青菜	21.52
	...秒鐘		52.44					青島	43.53
(17)	鑰[钥] 鑰匙		34.47	**172 佳**			(8)	靜[静]	
168 長				(2)	隻[只]	16.56		安靜	24.50
(0)	長[长]	8.50; 54.52		(9)	雖[虽]		**175 非**		
			57.46		雖然	62.44	(0)	非	
	校長		54.52	(10)	雙[双]	20.50		非洲	35.56
	部長		54.52		雜[杂]			非常	43.45
	長江		58.47		雜誌	3.43		非...不可	52.54
169 門					複雜	44.54	**176 面**		
(0)	門[门]		1.49	(11)	離[离]	49.49	(0)	面	18.52; 19.51
	門口(兒)		17.53		離開	61.45		面兒	18.52
(4)	間[间]		14.50		難[难]	8.51		面積	49.52
	中間(兒)		19.52		難怪	48.47	**177 革**		
	時間		43.48	**173 雨**			(6)	鞋	31.49
	開[开]	20.46; 59.53		(0)	雨		**180 音**		
	開始		22.52		下雨	47.45	(0)	音	
	離開		61.45		雨傘	48.55		錄音機	3.49
(11)	關[关]		33.45	(4)	雲[云]	59.49		錄音帶	27.44
	關係		22.47	(5)	電[电]			錄音	30.50
	沒關係		22.47		電車	3.46		拼音	36.46
	關於		44.45		電影(兒)	25.52		發音	58.54
170 阜 阝					電話	27.54	**181 頁**		
(5)	附				電梯	32.54	(0)	頁[页]	55.42
	附近		25.54		電視	47.52	(2)	頂[顶]	58.43
(7)	除		6.54		電視機	47.52	(3)	須[须]	
	除了...以外	51.51			水電費	51.49		必須	29.49
	院 醫院		30.42		零	49.45	(4)	頓[顿]	21.44
					零錢	51.57			

(7)	頭〔头〕	15.52; 18.51	**185**	首		(4)	麵〔面〕	
		55.44	(0)	首			麵包	50.50
	鐘頭	21.46		首都	39.54	**200**	麻	
	頭等	55.53	**187**	馬		(0)	麻	
	搖頭	61.46	(0)	馬〔马〕			麻煩	40.54
(8)	顆〔颗〕	15.54		馬上	20.43	(3)	麼〔么〕	
(9)	題〔题〕		(9)	騙〔骗〕	38.44		甚麼	11.41
	問題	12.44		騙子	38.44		怎麼	20.45
(10)	願〔愿〕		**188**	骨			怎麼樣	20.45
	願意	29.56	(13)	體〔体〕			這麼	22.51
182	風			身體	15.48		那麼	28.50
(0)	風〔风〕	37.50		全體	50.55		怎麼辦	37.46
(11)	飄〔飘〕	59.47	**189**	高		**203**	黑	
183	飛		(0)	高	10.51	(0)	黑	24.54
(0)	飛〔飞〕			高興	24.42		黑板	1.51
	飛機	3.48	**190**	髟		(5)	點〔点〕	50.43
	起飛	52.47	(5)	髮〔发〕			一點兒	15.45
184	食 飠			頭髮	38.46		…點(鐘)	52.41
(0)	食			理髮	38.46			
	食堂	43.44		理髮館	38.46	**209**	鼻	
(4)	飯〔饭〕	21.44	(9)	鬍〔胡〕		(0)	鼻	
	飯館兒	23.53		鬍子	45.51		鼻子	45.54
	中飯	43.43	**196**	鳥		**210**	齊	
(6)	養〔养〕		(5)	鴨〔鸭〕		(0)	齊〔齐〕	
	休養	60.50		鴨子	25.55		整齊	37.49
(7)	餐	21.44		烤鴨	25.55	**211**	齒	
	餓〔饿〕	40.52	(10)	雞〔鸡〕	3.51	(5)	齣〔出〕	39.47
(8)	館〔馆〕		**197**	鹵				
	圖書館	13.52	(9)	鹹〔咸〕	45.45			
	飯館兒	23.53	**199**	麥				
	理髮館	38.46						

Tabellen der Radikale

Tabelle der 214 Radikale

		1	2	3	4	5	6	7	8	9	
0		一	丨	丶	丿	乙	亅	二	亠	人 亻	0
10	儿	入	八	冂	冖	冫	几	凵	刀 刂	力	10
20	勹	匕	匚	匸	十	卜	卩	厂	厶	又	20
30	口	囗	土	士	夂	夊	夕	大	女	子	30
40	宀	寸	小	尢	尸	屮	山	巛 川	工	己	40
50	巾	干	幺	广	廴	廾	弋	弓	彐	彡	50
60	彳	心 忄	戈	戶	手 扌	支	攴 攵	文	斗	斤	60
70	方	无 旡	日	曰	月	木	欠	止	歹	殳	70
80	毋	比	毛	氏	气	水 氺	火 灬	爪 爫	父	爻	80
90	爿	片	牙	牛 牜	犬 犭	玄	玉 玨	瓜	瓦	甘	90
100	生	用	田	疋	疒	癶	白	皮	皿	目	100
110	矛	矢	石	示 礻	禸	禾	穴	立	竹	米	110
120	糸	缶	网 罒	羊	羽	老 耂	而	耒	耳	聿	120
130	肉	臣	自	至	臼	舌	舛	舟	艮	色	130
140	艸	虍	虫	血	行	衣 衤	襾 西	見	角	言	140
150	谷	豆	豕	豸	貝	赤	走	足	身	車	150
160	辛	辰	辵 辶	邑 ⻏	酉	釆	里	金	長 镸	門	160
170	阜 ⻖	隶	隹	雨	青	非	面	革	韋	韭	170
180	音	頁	風	飛	食 飠	首	香	馬	骨	高	180
190	髟	鬥	鬯	鬲	鬼	魚	鳥	鹵	鹿	麥	190
200	麻	黃	黍	黑	黹	黽	鼎	鼓	鼠	鼻	200
210	齊	齒	龍	龜	龠						210
		1	2	3	4	5	6	7	8	9	

Tabelle der 187 Radikale

	1	2	3	4	5	6	7	8	9	
0	、	一	丨	丿	乙	亠	冫	冖	二	0
10	十	厂	匚	卜	冂	刂	八	人	亻	勹	10
20	几	儿	厶	又	阝	凵	刀	力	氵	宀	20
30	广	忄	辶	土	士	工	大	廾	尢	弋	30
40	寸	扌	口	囗	巾	山	彳	彡	夕	夂	40
50	犭	小	彐	尸	己	弓	又	孑	卩	阝	50
60	屮	女	幺	巛	灬	斗	文	方	火	心	60
70	尸	礻	王	木	犬	歹	戈	瓦	止	艹	70
80	攴	日	曰	父	牜	气	手	毛	攵	片	80
90	斤	爪	月	月	欠	殳	比	爿	毋	水	90
100	穴	立	疒	礻	示	甘	石	业	目	田	100
110	罒	皿	矢	禾	白	瓜	用	皮	矛	疋	110
120	衣	羊	米	老	耳	臣	西	虍	虫	缶	120
130	耒	舌	竹	自	臼	血	行	舟	羽	聿	130
140	眼	糸	辛	言	走	赤	豆	車	酉	長	140
150	豕	里	貝	見	疋	豸	谷	釆	身	角	150
160	青	雨	金	隹	門	音	革	頁	食	風	160
170	韋	鬥	髟	馬	骨	鬼	麻	鹿	麥	鹵	170
180	鳥	魚	黑	黽	鼠	鼻	齒	龍			180
	1	2	3	4	5	6	7	8	9	

Das von uns verwendete 214er-System hat sich in China zu Beginn des 17. Jahrhunderts durchgesetzt; es wurde herkömmlicherweise auch von der europäischen und amerikanischen Sinologie zugrundegelegt, die den einzelnen Radikalen ihre Kennziffer gaben.
Das 187er-System wird in dem in China heute verbreiteten Taschenwörterbuch verwendet.

CHINESISCH

Zu dem Lehrbuch »Chinesisch für Deutsche« von Jung-lang Chao und
Annette Sabban liegen ein Ergänzungsband und ein Computerprogramm
vor:

Jung-lang Chao und Gudrun Erler
Chinesisch für Deutsche
Modell- und Übungssätze in Kurzzeichen mit Übersetzung
1989. 227 S. 3-87118-877-8. Kartoniert.

Hans-Peter Postel
Hanzi
Ein Computerprogramm für den IBM PC unter MS Windows zum Abfra-
gen und Üben von chinesischen Vokabeln und Zeichen basierend auf dem
Lehrbuch »Chinesisch für Deutsche«
1 Diskette 3,5″ und ein Begleitheft. 1994. 3-87548-091-0.

JAPANISCH

Detlef Foljanty
Japanisch intensiv I
Ein Lernbuch mit Lösungen
2., unveränderte Auflage 1985. XVI, 595 S. 3-87118-369-5. Kartoniert.

4 Begleitkassetten. Laufzeit ca. 250 Minuten. 3-87118-931-6.

Detlef Foljanty und Hiroomi Fukuzawa
Japanisch intensiv II
Ein Lernbuch mit Lösungen
1985. XVIII, 440 S. 3-87118-485-3. Kartoniert.

6 Begleitkassetten. Laufzeit ca. 350 Minuten. 3-87118-932-4.

Detlef Foljanty und Hiroomi Fukuzawa
Japanisch intensiv III
Ein Lernbuch mit Lösungen
1990. XII, 513 S. 3-87118-933-2. Kartoniert.

Gesamtverzeichnis bitte anfordern!

Helmut Buske Verlag · Richardstraße 47 · D-22081 Hamburg

JAPANISCH

Jens Rickmeyer
Einführung in das klassische Japanisch
anhand der Gedichtanthologie Hyakunin isshu
2., völlig neu bearbeitete Auflage 1991. XII, 175 S. 3-87118-972-3. Kartoniert.

Jens Rickmeyer
Klassischjapanische Lektüre Genji no Monogatari
1991. XVI, 125 S. 3-87548-014-7. Kartoniert.

Berthold Schmidt
Einführung in die Aussprache und Schrift des Japanischen
Mit Übungen und Lösungen
Unter Mitarbeit von Sven Günzel
1995. 167 S. 3-87548-062-7. Kartoniert.

KOREANISCH

Wilfried Herrmann
Lehrbuch der modernen koreanischen Sprache
Unter Mitarbeit von Chong Chido
1994. XXIV, 714 S. 3-87548-063-5. Kartoniert.

3 Begleitkassetten. Laufzeit ca. 210 Minuten. 3-87548-096-1.

Wolfgang G. A. Schmidt
Einführung in die koreanische Schrift
Mit einem sprach- und landeskundlichen Abriß
1990. 150 S. mit zahlreichen Abbildungen und einer Schrifttafel.
3-87118-965-0. Kartoniert.

THAI

Gero Fischer
Einführung in die thailändische Schrift
3., vollständig neu bearbeitete Auflage 1993. 80 S. 3-87548-054-6.
Kartoniert.

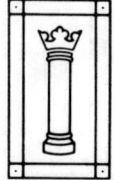

Helmut Buske Verlag · Richardstraße 47 · D-22081 Hamburg